MIRIAM DORNEMANN

DAS GROSSE WEIHNACHTS-PLOTTERBUCH

MEHR ALS 50 DIY-PROJEKTE AUS PAPIER, STOFF & CO.

MIRIAM DORNEMANN

DAS GROSSE WEIHNACHTS-PLOTTERBUCH

MEHR ALS 50 DIY-PROJEKTE AUS PAPIER, STOFF & CO.

INHALT

Die DigiBib

Hier findest du die Plottervorlagen zu den Projekten in diesem Buch, außerdem alle aktuellen Infos!
www.topp-kreativ.de/digibib

Der Freischalt-Code lautet: 51790

HERZLICH WILLKOMMEN!

Darf ich deine Aufmerksamkeit mal kurz auf das allerletzte Projekt lenken: die fliegenden Neujahrsschweine als Schachtel für eine kleine Überraschung. Mit dieser Art von Schachteln fing bei mir die ganz große Plotterliebe an.

Damals gab es nur diese Geräte, bei denen man zusätzlich teure Cartridges mit fertigen Mustersammlungen kaufen musste. Und meine selbst entworfenen Schachteln musste ich weiterhin von Hand mit dem Cutter schneiden.

Ich erinnere mich noch gut, dass ich ungefähr im Jahr 2011 dachte: „So ein Gerät wäre schon genial, aber eines, das meine eigenen Ideen plotten kann." Das Universum (aka Silhouette) hat meinen Wunsch erhört. Und ich hatte kurz danach – im Jahr 2012 – meinen ersten Plotter. Nur mal zur Einordnung: Es gab damals bei Facebook nur eine deutschsprachige Plottergruppe und wir waren weniger als 300 Mitglieder. Seit damals sind viele neue Plotter, Plotterfirmen und Produkte auf den Markt gekommen, die damals noch gar nicht denkbar waren.

Trotz all der Erweiterungen und Neuheiten für den Plotter sind mir die Projekte am liebsten, für die man nur wenige Grundmaterialien benötigt. Wie zum Beispiel den filigran geschnittenen Baum von Seite 44. Und Schachteln! Schachteln gehen immer!

Ich wünsche dir viel Spaß mit dem Buch und beim Plotten.
Möge die Messerspitze ewig halten!

Kreative Grüße
Miriam

Miriam Dornemann

GRUND ANLEITUNGEN

SOFTWARE

UND MATERIALIEN

DATEIFORMATE

DXF

Das Format wurde explizit für den Austausch von Vektordaten entworfen. Fast alle vektorbasierten Programme können DXF-Dateien lesen. Sie können direkt vom Silhouette Studio geöffnet, jedoch nicht gespeichert werden. ScanNCut Canvas und Cricut Design Space können DXF-Dateien nur bedingt öffnen, daher bei beiden Geräten am besten auf SVG-Dateien zurückgreifen.

SVG

SVGs können vom Silhouette Studio (in der Standardversion) nicht geöffnet werden, eine vorherige Umwandlung in ein anderes Dateiformat – z.B. über www.Inkscape.org – ist notwendig. ScanNCut Canvas und Cricut können SVG-Dateien direkt öffnen.

PDF

Die Vorlagen für dieses Buch liegen sowohl als „plotterverständliche" SVG- und DXF-Dateien vor als auch als PDFs. PDFs können von Plotter-Softwares normalerweise nicht verarbeitet werden, aber zum Beispiel zum unkomplizierten Ausdrucken verwendet werden.

Studio- und FCM-Dateien

Das sind Formate, die durch die einzelnen Plotter erzeugt werden und auch nur innerhalb der Produktgruppen kompatibel sind.

Silhouette Studio: .studio-Dateien
Brother: .fcm-Dateien
Cricut: Cricut speichert in der eigenen Cloud und, falls ausgewählt, auf dem Rechner (für Offline-Nutzung in Design Space).

MATERIAL

Der Bastelmarkt bietet eine schier unüberblickbare Menge an Papier- und Folienarten. Hier eine kleine Übersicht, welche Papier- und Folienarten im Buch verwendet werden.

STRUKTURKARTON/BASTELKARTON

Ein einfarbiges, durchgefärbtes Papier, der Strukturkarton hat zusätzlich eine geprägte Struktur. Mit einer Papierstärke von ca. 220 g/m^2 lassen sich viele Projekte damit gut schneiden.

SCRAPBOOK-PAPIER

Der Überbegriff bezeichnet (oft gemusterte) Papiere mit den Maßen 12" × 12" (30,5 cm × 30,5 cm). Die Papierstärke ist sehr unterschiedlich.

DRUCKERPAPIER

Ein Papier im A4-Format, das es in verschiedenen Stärken gibt. Die besten Ergebnisse erzielt man, wenn man gestrichenes Papier verwendet. Es hat eine dünne Schicht aus Bindemittel, ist dadurch sehr glatt und lässt sich gut schneiden. Die im Buch verwendeten Papierstärken sind 160 g/m^2 und 250 g/m^2.

TONZEICHENPAPIER

Hat grundsätzlich eine Stärke von 130 g/m^2.

FOTOKARTON

Fotokarton hat grundsätzlich eine Stärke von 270 g/m^2 bis 300 g/m^2.

WÄRMEÜBERTRAGUNGSFOLIE/ THERMOTRANSFERFOLIE (TTF)

Eine dünne, meist matte Wärmeübertragungsfolie für Kleidung auf einer Trägerfolie. Beim Plotten wird nur die Flexfolie geschnitten, die Trägerfolie bleibt intakt und wird nach dem Aufbügeln komplett abgezogen. Die Folie kann gestapelt werden, d.h. eine Folie kann auf die nächste gebügelt werden. Einige Flexfolien werden im warmen Zustand entfernt, andere müssen erst abkühlen. Achte daher auf die Herstellerangaben. Achtung: Flexfolie wird spiegelverkehrt geschnitten und aufgebügelt.

FLOCKFOLIE

Eine geflockte Wärmeübertragungsfolie für Kleidung. Auf diese Folienart kann keine (!) andere Folie gebügelt werden. Sie eignet sich also eher als Abschlusslage bei mehrlagigen Bildern oder als alleinige Folie bei einfarbigen Motiven. Auch hier die Herstellerangaben beachten. Achtung: Flockfolie wird spiegelverkehrt geschnitten und aufgebügelt.

VINYLFOLIE

Eine selbstklebende Folie mit unterschiedlich starken Klebeeigenschaften. Für Autos werden meist haltbarere Folien verwendet als für Wandtattoos, die sich gegebenenfalls leicht wieder ablösen lassen sollten. Wie bei Flexfolie wird hier nur die Klebefolie geplottet, das Trägerpapier bleibt intakt. Zum Übertragen benötigt man zusätzlich eine Transferfolie. Leicht klebende Folie gibt es im Handel, man kann allerdings auch Buchklebefolie testen. Diese vorher einige Male auf deine Kleidung kleben, um die Klebekraft zu verringern.

LINIENFARBEN

Die Vorlagen bzw. Plotterdateien in diesem Buch können bis zu drei Farben enthalten:

SCHWARZ
Normale Schneidelinien

PINK
Falzlinien – müssen noch in Schneidelinien umgewandelt werden. Da dies bei den drei Plotterfirmen unterschiedlich funktioniert, befinden sich die genauen Anleitungen auf den folgenden Seiten.

BLAU
Zeichenlinien – werden mit einem Stift gezeichnet. Auch hier folgen genaue Erklärungen auf den folgenden Seiten.

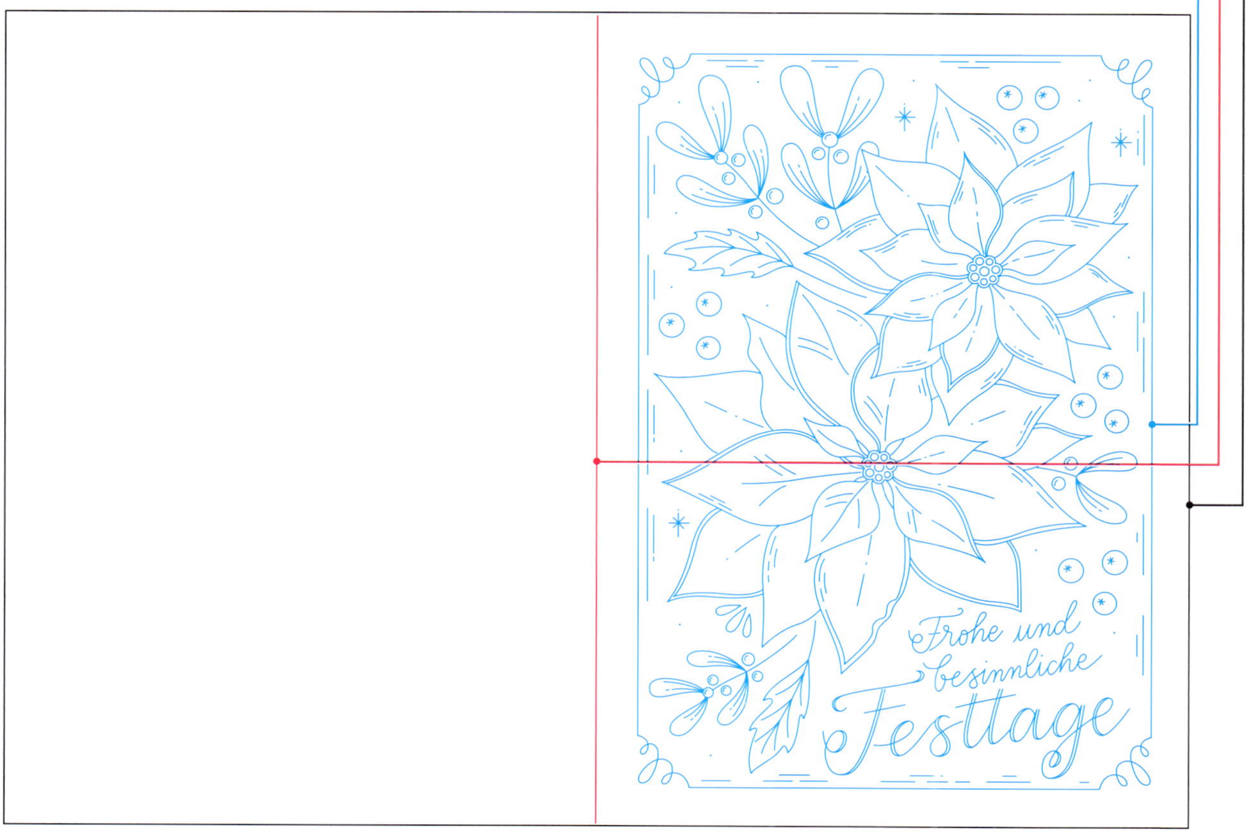

BROTHER

SCANNCUT CANVAS

VORARBEIT

ScanNCut Canvas bietet zwei verschiedene Software-Versionen an. Eine davon läuft online und man kann von verschiedenen Rechnern aus darauf zugreifen. Die andere läuft stationär auf dem Rechner und hat den großen Vorteil, dass sie mit Ebenen arbeitet. Das heißt, jedes kleine Element wird in eine eigene Ebene sortiert, ein bisschen wie auf einem Stapel transparenter Folien, bei dem auf jeder Folie eine Form liegt. Schaut man von oben durch den Folienstapel, sieht man das komplette Motiv. Die einzelnen Ebenen kann man sperren, ausblenden, gruppieren und dann bereits festlegen, ob das Motiv gemalt oder geschnitten werden soll. Das erleichtert die Arbeit mit dem Programm enorm.

Mit dem SVG-Symbol (1) die gewünschte Datei öffnen. Rechts das Symbol mit dem Stapel auswählen (2), damit die einzelnen Ebenen angezeigt werden. Dann die pinke und die schwarze Ebene auswählen (meist am Ende) und mit dem kleinen Schlosssymbol (3) sperren. Diese Ebenen können nun nicht mehr verrutschen. Auf der Arbeitsfläche alle blauen Linien auswählen, dann diese mit dem Gruppierungssymbol (4) in eine Gruppe zusammenfügen. Eventuell ist diese noch geöffnet. Bei den Ebenen nach oben scrollen und auf das Dreieck klicken. Nun sollte man – sehr übersichtlich – drei Ebenen sehen.

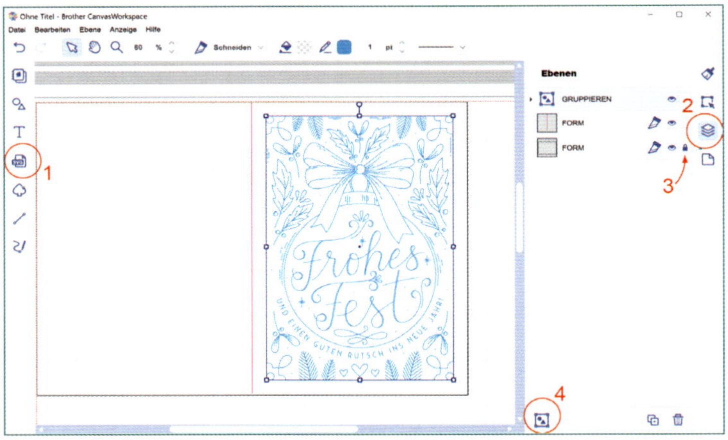

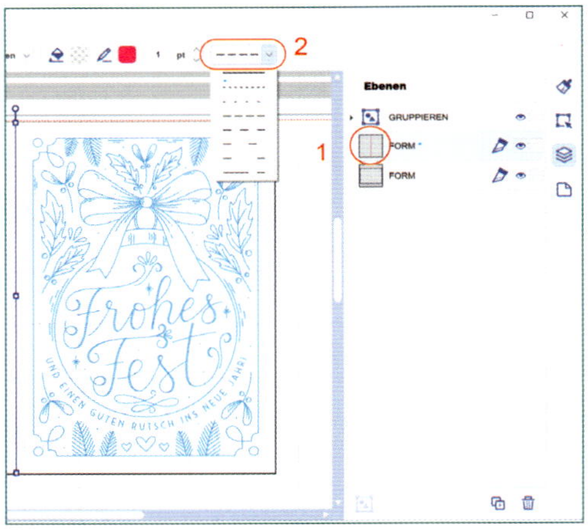

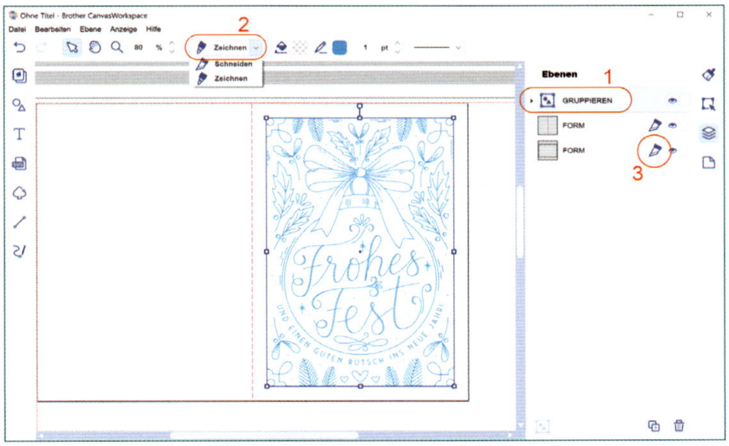

Weise dann den einzelnen Ebenen bzw. Ebenengruppen die gewünschten Parameter hinzu. Wähle die Ebene mit der pinken Linie (1) und wähle die gestrichelte Linie (2).

Wähle danach die blauen Linien aus (1) und wähle in der oberen Leiste ***Zeichnen*** (2) aus. Wenn man einer einzelnen Ebene die Parameter zuweisen möchte, findet man die beiden Möglichkeiten auch in der Ebene (3).

Achtung: In Canvas werden nicht immer alle Farben übernommen, Teile können dann in Schwarz angezeigt werden. Werfe also bei Dateien mit pinken, schwarzen und blauen Linien gerne mal einen Blick in die PDF-Datei, dort werden die Linien in den richtigen Farben angezeigt. In dem Fall kann man sie nach der Vorlage im PDF sortieren und wieder richtig einfärben.

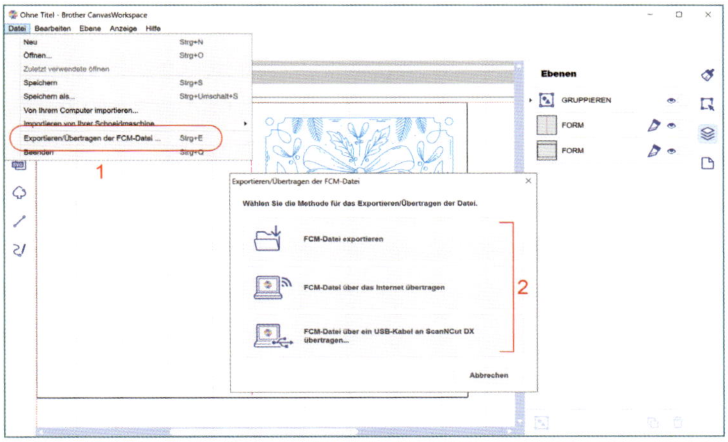

PLOTTEN

Zum Übertragen der Dateien an den Plotter ***Exportieren/ Übertragen der FCM-Datei*** (1) wählen, dann – je nachdem wie Plotter und Rechner verbunden sind – die Daten manuell mit USB-Stick, via Internet oder USB-Kabel übertragen (2). Am Plotter dann am kleinen Bildschirm erst die Linien zum Malen, dann die zum Schneiden auswählen und den Plotter malen bzw. schneiden lassen.

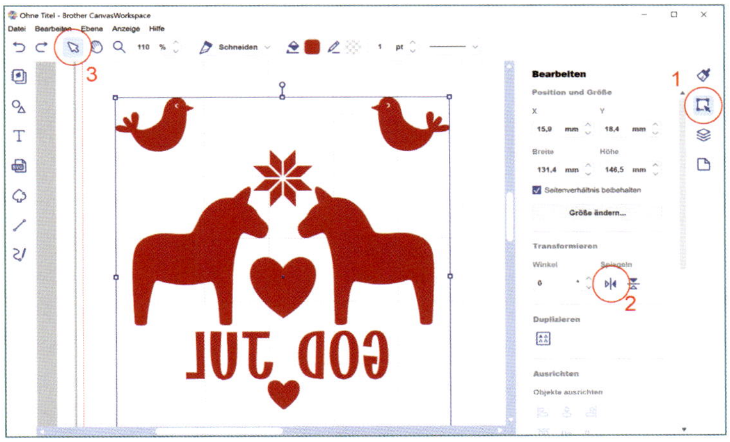

BESONDERHEIT BEI WÄRME-ÜBERTRAGUNGSFOLIEN

Motive, die aus Folien für Kleidung geplottet werden, müssen vor dem Schneiden gespiegelt werden, um später wieder richtig herum auf dem Kleidungsstück zu landen. Dafür das Motiv auswählen, dann im Bearbeitungsmenü (1) das Motiv spiegeln (2). Falls man das Motiv nicht auswählen kann, das Pfeilwerkzeug (3) zu Hilfe nehmen.

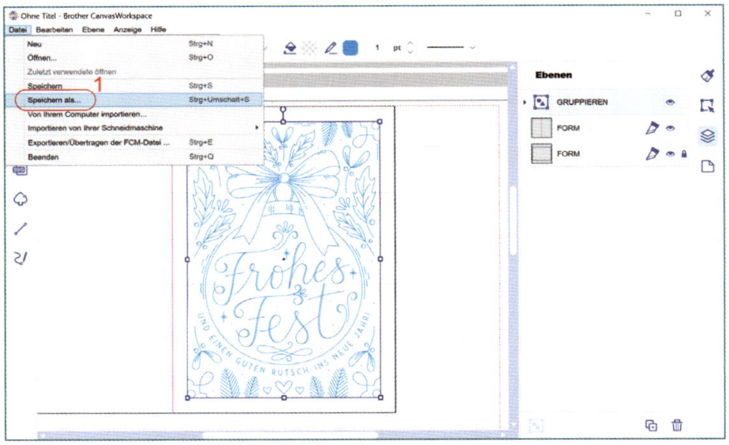

SPEICHERN

Zum Speichern den Befehl ***Speichern als*** (1) wählen, dann die Datei auf dem Rechner speichern. ScanNCut Canvas erzeugt dabei eine Datei im cwprj-Format (eigenes Canvas-Format).

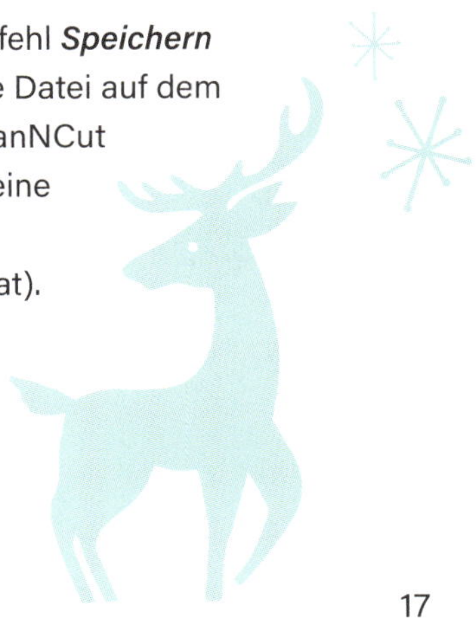

SILHOUETTE
STUDIO

VORARBEIT

Die gewünschte DXF-Datei mit > ***Datei > Hinzufügen öffnen,*** das Motiv wird meist auf der Arbeitsfläche angezeigt, kann jedoch auch zur Seite oder nach oben verrutschen. Markiere mit (Strg + A) alle Motive und schiebe sie auf die Arbeitsfläche.

Manche Linien – insbesondere die bunten – werden häufig in Gruppierungen angezeigt. Man kann sie auswählen und mit (Umschalt ⇧ + STRG + G) lösen. Falls das nicht funktioniert, wähle im oberen Menü > ***Objekt > Verknüpften Pfad lösen.***

Sofern die Datei pinke Linien enthält, muss man diese im Studio in gestrichelte Falzlinien umwandeln. Markiere dafür alle gezeigten Objekte (Strg + A) und wähle dann das Fenster ***Nach Farbe auswählen*** (1) und die pinken Linien (2). Alle pinken Linien sind nun markiert und können gemeinsam geändert werden. Öffne das Fenster ***Linienstil*** (3) und wähle eine gestrichelte Linie aus (4). Zur leichteren Weiterverarbeitung kann man alle pinken Linien gruppieren. Ebenso kann man danach die blauen Linien und die schwarzen Linien gruppieren.

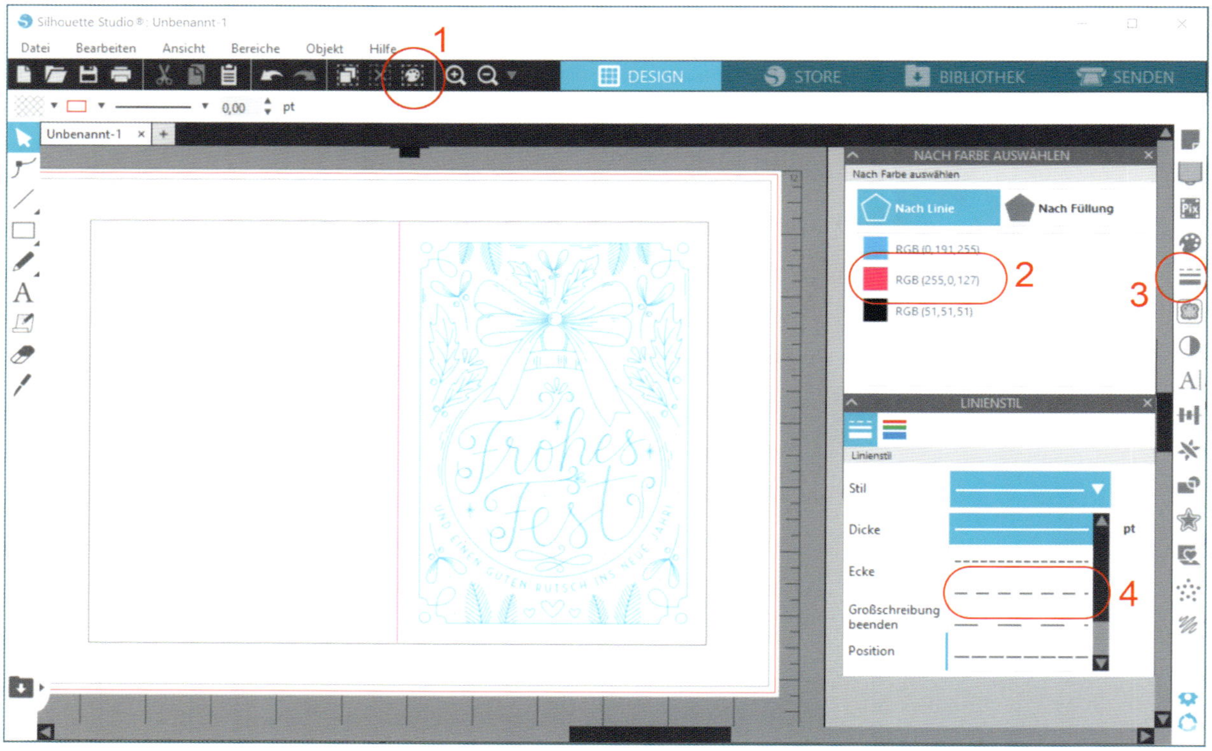

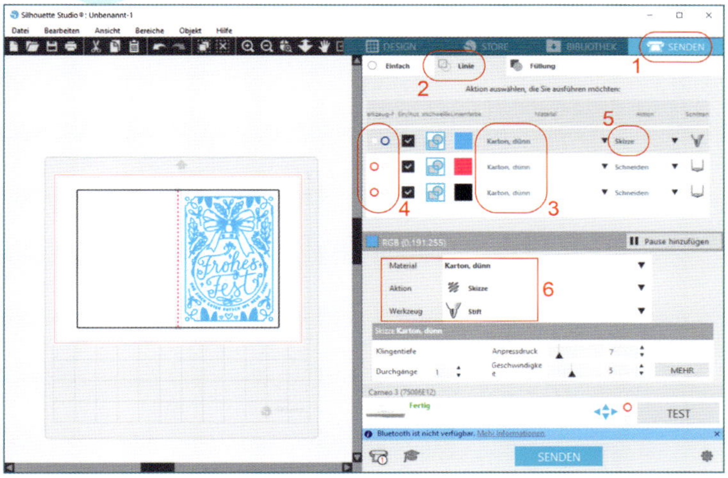

PLOTTEN

Zum Plotten wähle ***Senden*** (1). Dann auswählen, dass man für jede Linienfarbe andere Parameter eingeben möchte (2). Wähle dann das von dir verwendete Material (3) und die Werkzeughalterung (4). Die blauen Linien sollen mit der rechten Halterung gezeichnet werden (5), die pinken und schwarzen Linien sollen geschnitten werden, das Messer ist dabei in der linken Halterung (4). Unten (6) sieht man die genauen Parameter, die für die blauen, pinken und schwarzen Linien gewählt wurden. Zum Anzeigen klickt man auf die bunten Quadrate. Mit dem blauen Button ***Senden*** ganz unten beginnt man den Schneidevorgang.

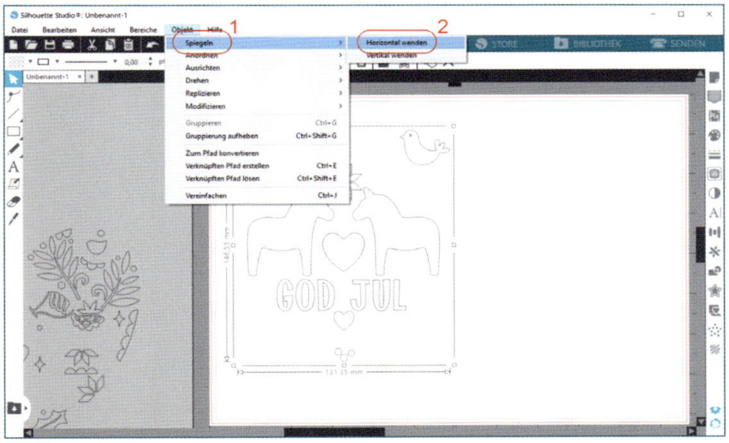

BESONDERHEIT BEI WÄRMEÜBERTRAGUNGSFOLIEN

Motive, die aus Folien für Kleidung geplottet werden, müssen vor dem Schneiden gespiegelt werden, um später wieder richtig herum auf dem Kleidungsstück zu landen. Dafür das Motiv auswählen und ***Spiegeln*** (1) und ***Horizontal spiegeln*** (2) wählen. Für den Notfall fragt Silhouette vor dem Plotten noch mal, ob man spiegeln möchte, allerdings nur wenn man beim Material eine Wärmeübertragungsfolie gewählt hat.

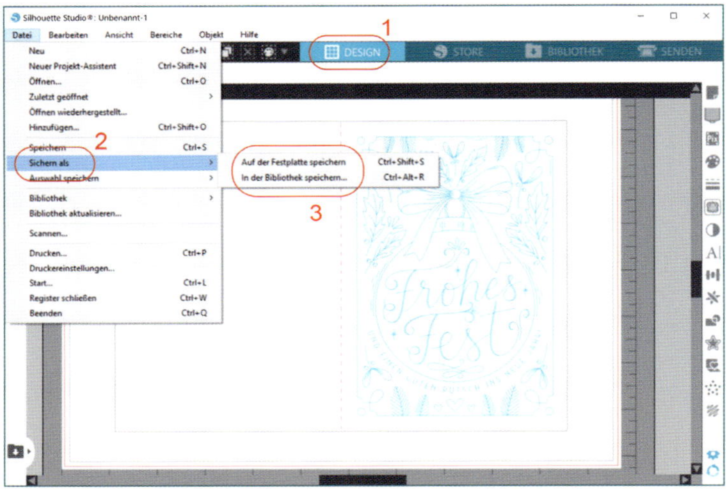

SPEICHERN

Zum Speichern der Datei wieder den Design-Modus (1) wählen. Dann ***Sichern als*** (2) wählen und als Speicherort Festplatte oder Bibliothek (3) festlegen. Einen Dateinamen vergeben und die Angaben mit OK bestätigen.

CRICUT
DESIGN SPACE

VORARBEIT

Klicke im linken Seitenmenü auf ***Hochladen*** (1) und anschließend auf den Button ***Bild hochladen.*** Ziehe deine SVG-Datei in das Feld, klicke dann auf ***Fortfahren*** (2), um das Bild hochzuladen. Im nächsten Dialogfenster sieht man das Motiv. Hier kann man die Bildbezeichnung ändern und das Motiv mit Schlagworten versehen, klicke dann auf ***Hochladen.*** Dein Motiv wird entweder direkt auf der Arbeitsfläche angezeigt oder erscheint ganz oben links in der Übersicht. Wähle es aus (grüner Rand erscheint) und gehe rechts unten auf den Button ***Zur Arbeitsfläche hinzufügen.*** Es öffnet sich ein neues Projekt mit deinem Motiv. Nun kann man mit der Bearbeitung starten.

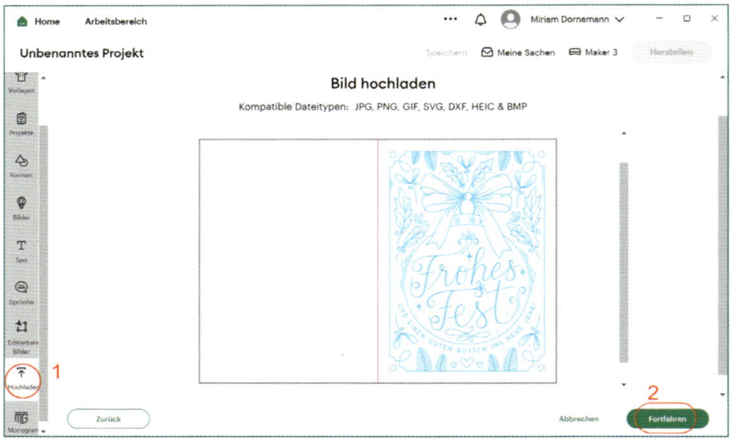

Es kann sein, dass Cricut Design Space alle drei Linienarten in einer Gruppe zusammenfasst und zusätzlich die Linienfarbe als Flächenfarbe verwendet. Man sieht eventuell nicht mehr viel vom eigentlichen Design. Klicke auf die oberste Ebene (1) und wähle ***Zerlegen*** (2), nun werden dir drei Ebenen angezeigt: Eine Ebene mit Schneidelinien, eine mit der Falzlinie und eine mit dem gemalten Motiv.

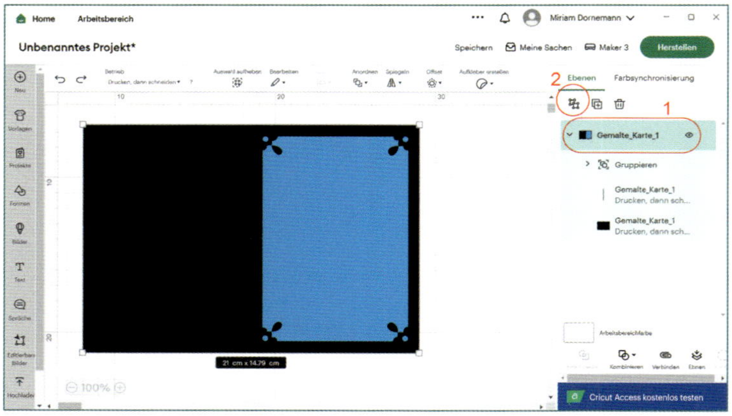

Nun kann man jede einzelne Ebene auswählen, die Füllfarbe auf Transparent/Weiß setzen und die Linie entweder als Falzlinie, Schneidelinie oder gemalte Linie definieren. Klicke dafür auf die unterste Ebene (1), wähle als Füllfarbe Weiß (2) und definiere diese Linie als Schneidelinie (derzeit nur bei Explore & Maker Modellen möglich) (3).
Die Ebene darüber ist die senkrechte Linie in der Mitte, also die Falzlinie. Man kann sie als Falzlinie definieren.

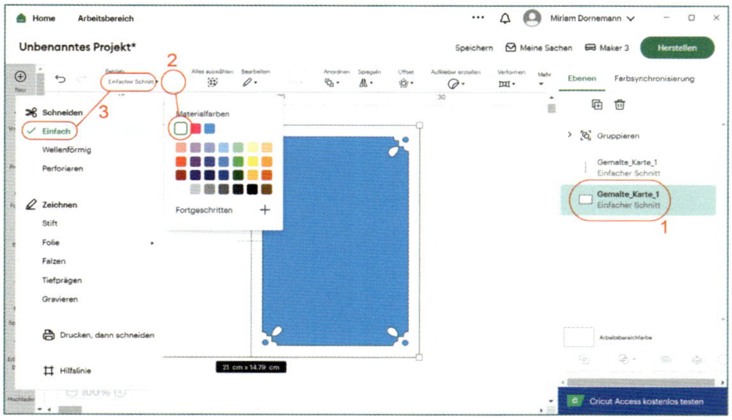

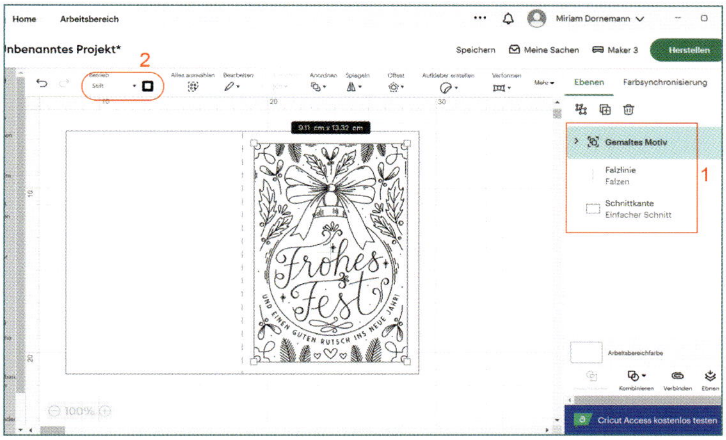

Wenn man die oberste Ebene mit dem gezeichneten Motiv als Stiftline (2) definiert, werden automatisch die Linien angezeigt, der blaue Hintergrund verschwindet. Übrigens, durch Doppelklick auf die Ebenen kann man ihnen neue Namen geben (1).

Falls man sich bei den großen Flächen nicht sicher ist, welches Motiv sich auf welcher Ebene befindet, gibt es ein paar Hilfen:

1. Öffne dir das PDF mit dem gleichen Namen zum Vergleichen.
2. Alle gemalten Motive erscheinen in Blau, alle Falzlinien in Pink, bei Karten mit Falzlinien und gemalten Motiven sind alle Schneidelinien schwarz.
3. In den Dateien zu diesem Buch liegen die gemalten Linien oben, darunter die Falzlinie und ganz unten die Schneidelinie.

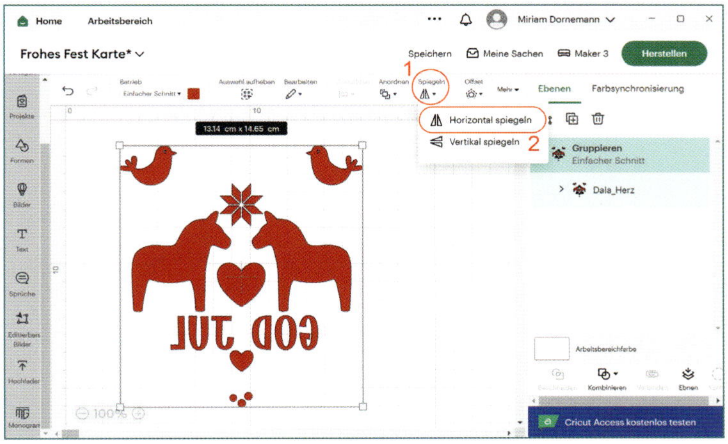

PLOTTEN

Klicke auf ***Herstellen*** und verbinde dich mit dem Plotter. Im Herstell-Menü wählt man die passende Schneideeinstellung aus. Die Matte mit Papier laden, dann Stift, Messer oder Falzstift einsetzen, sobald man dazu aufgefordert wird.

BESONDERHEIT BEI WÄRME-ÜBERTRAGUNGSFOLIEN

Motive, die aus Folien für Kleidung geplottet werden, müssen vor dem Schneiden gespiegelt werden, um später wieder richtig herum auf dem Kleidungsstück zu landen. Dafür das Motiv auswählen, ***Spiegeln*** (1) wählen, dann ***Horizontal spiegeln*** (2) oder im Herstell-Menü die Option ***Spiegeln*** aktivieren. Dort besteht die Möglichkeit, die komplette Matte zu spiegeln.

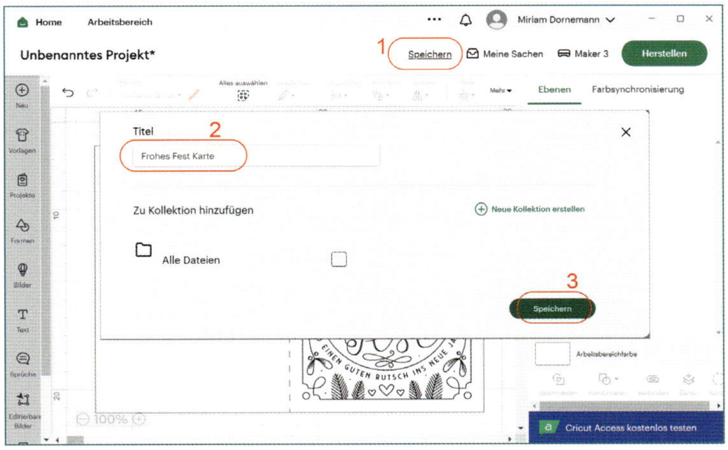

SPEICHERN

Zum Speichern des Motivs einfach die Schaltfläche ***Speichern (1)*** wählen, dann dem Projekt einen Namen vergeben (2) und auf ***Speichern*** (3) klicken. Je nach deinen Einstellungen (Zahnrad im Verzeichnis bei deinem Namen), wird das Motiv dann in der Cricut-Cloud oder in der Cloud und auf deinem Rechner (nur zur Offline-Nutzung in Cricut Design Space) gespeichert.

PRAKTISCHE
HELFER

BACKPAPIER UND HOLZBRETT

Beim Pressen von Thermotransferfolie benötigt man Backpapier, um die Textilien und die Trägerfolie vor Hitze zu schützen. Als feste Unterlage zum Aufbügeln eignet sich ein ebenes Schneidebrett aus Holz. Vor dem Kauf meiner Textilpresse habe ich Folien mit Bügeleisen und Holzbrett aufgebügelt und dabei auf dem Boden gearbeitet. Dadurch konnte ich ausreichend Druck auf das Bügeleisen ausüben.

ENTGITTERHAKEN

Sehr praktisch, wenn man mit Folien arbeitet. Die meisten Plotter-Hersteller bieten eigene Entgitterhaken an, man kann aber auch einen Haken aus dem Zahnarztbedarf verwenden.

KLEBEROLLER AUS DEM FOTOBEDARF

Filigrane Papierzuschnitte, die nicht unter Spannung stehen, lassen sich gut mit einem Kleberoller aus dem Fotobedarf kleben. Überstehende Klebereste lassen sich dann einfach mit den Fingern wegrubbeln. Für 3D- oder Klappkarten ist die Klebeleistung nicht ausreichend, dafür sollte man regulären Klebstoff verwenden.

KLEINER SPACHTEL/CUTTER

Zum Lösen von Papieren von der Schneidematte kann man einen Spachtel verwenden. Schiebe den Spachtel zwischen Schneidematte und Material und hebe das Objekt vorsichtig an. Alternativ eignet sich ein Cutter. Der hat den Vorteil, dass man das Messer weiter ausfahren kann und somit größere Papierzuschnitte anheben kann.

PINZETTE

Zum Entgittern oder zum Platzieren von kleinen Teilen eignet sich eine Pinzette. Manchmal kann es hilfreich sein, die Pinzette zum Lösen von sehr kleinen Teilen von der Schneidematte zu verwenden.

SCHNIPSEL-SAMMLER

Die kleinen Gefäße aus Silikon mit Einschnitten eignen sich zum Abstreifen von Folienresten am Entgitterhaken.

TRANSFERPRESSE

Zum Fixieren von u.a. Flex- und Flockfolien. Bei vielen Pressen kann man Temperatur und Druck manuell einstellen, um die verschiedenen Materialien optimal zu fixieren.

QUILTLINEAL

Ein dickes Quiltlineal mit seinen scharfen Kanten eignet sich sehr gut, um kleine klebende Papierteile von der Schneidematte zu schieben.

RAKEL

Zum Lösen von Papierresten auf der Schneidematte und zum Anbringen von Folien eignet sich eine Rakel. Sie hat oft eine zweite, weichere Filzkante, mit der Folien beim Aufkleben nicht verkratzen.

SPRÜHKLEBER FÜR SCHNEIDEMATTEN

Ein nichtpermanenter Sprühkleber – mittlerweile gibt es spezielle Produkte für den Plotterbereich – frischt die Klebekraft von Schneidematten wieder auf. Dafür die Schneidematte reinigen und trocknen lassen, die Ränder mit Klebeband abdecken, dann die Schneidefläche einsprühen und alles trocknen lassen.

WASHI-TAPE ODER MALERKREPP

Zum zusätzlichen Fixieren von starkem Papier oder veganem Leder auf der Schneidematte. Sollte die Matte irgendwann nicht mehr so gut kleben, kann man sie mit warmem Wasser abspülen, das hilft.

WICHTIG

Wie bei einer Stoffschere auch wird die Schneideklinge stumpf, wenn man sie zum Schneiden von Papier verwendet. Es empfiehlt sich also, ein Messer für Papierarbeiten zu verwenden und eines für alle anderen Materialien. Das Papiermesser muss häufiger ersetzt werden, weil es schneller stumpf wird.

DEINE
SCHNEIDE-EINSTELLUNGEN

Jeder Plotter arbeitet etwas anders, je nachdem, wie der Plotter justiert ist oder das Messer gerade ausfällt.

Hier findest du Platz, um die individuellen Schneideeinstellungen für deinen Plotter zu notieren.
Für meine Silhouette würde ich die Klingentiefe, Andruck, Durchgänge und Geschwindigkeit eintragen.

Papier 80 g/m² ____________________

____

Tonzeichenpapier 120 g/m² ____________________

____

Papier 160 g/m² ____________________

____

Fotokarton 270–300 g/m² ____________________

____

Veganes Leder ____________________

____

Vinylfolie ____________________

____

Flexfolie ____________________

____

Transparentpapier ____________________

____

Stickerfolie ____________________

____

____

____

PROJEKTE

ZAUBERHAFTE **STERNE**

SCHWIERIGKEIT

●●●

GRÖSSE Ø CA. 21 CM

MATERIAL JE STERN

- 2–3 Bogen Druckerpapier, ca. 160 g/m², A4
- Garnreste

DATEIEN

„Stern 1"
„Stern 2"
„Stern 3"
„Stern 4"

1 Die Sterne können mit fünf, sechs oder sieben Zacken zugeschnitten werden. Dafür die Datei mit der gewünschten Sternenform öffnen, die roten Linien in gestrichelte Linien umwandeln (gegebenenfalls den Stern gruppieren) und die Ministerne löschen, die nicht die gewünschte Anzahl der Zacken haben. Dann das Sternenteil duplizieren, sodass gleich zwei oder drei Zuschnitte aus einem Blatt in A4 geschnitten werden können. Von den Ministernen werden je zwei pro Stern benötigt.

2 Die diagonalen Falzlinien dienen nur dazu, das Objekt dreidimensionaler wirken zu lassen. Diese nach vorne und nach hinten knicken und dann wieder flach zurücklegen. Die senkrechten Linien werden dauerhaft gefalzt. Jede Zacke des Sterns gemäß Abbildung zu einem Viereck mit nach innen zeigenden Knicken an den Seiten falten. Die Klebelasche ankleben.

3 Den unteren Steg nach oben klappen und ebenfalls ankleben. Bei allen Spitzen des Sterns wiederholen und den Klebstoff gut trocknen lassen.

4 Die einzelnen Spitzen des Sterns aneinanderkleben. Dafür den Klebstoff mittig auf eine Seite kleben und eine weitere Spitze ankleben.

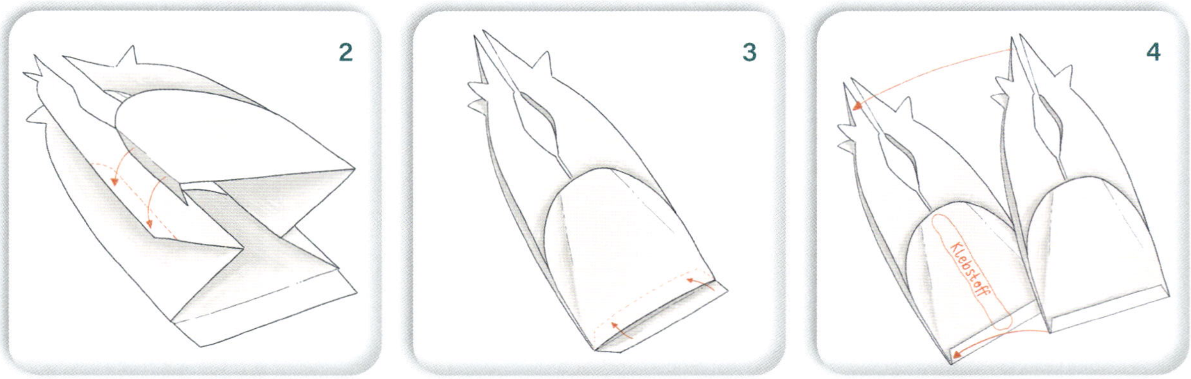

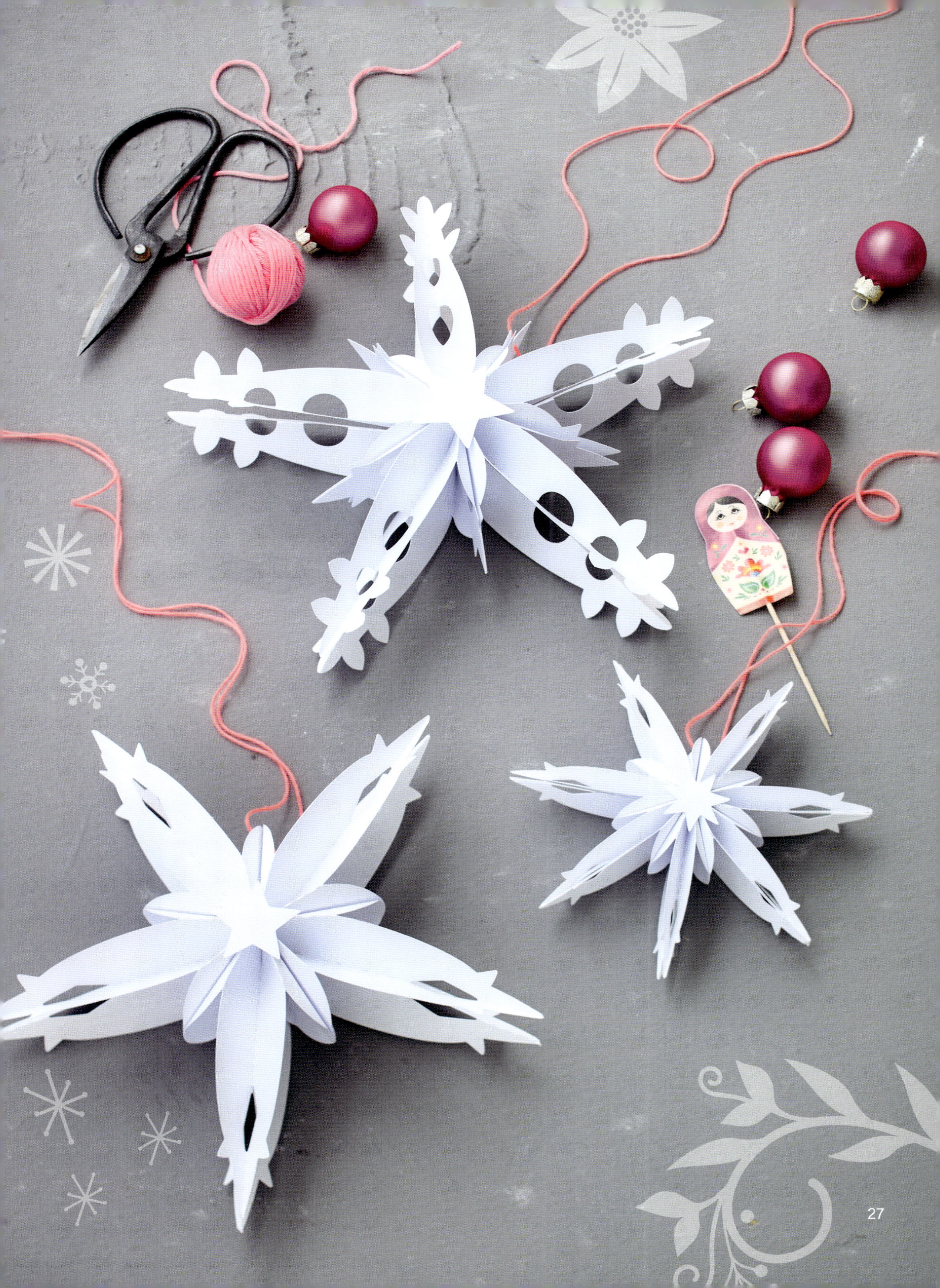

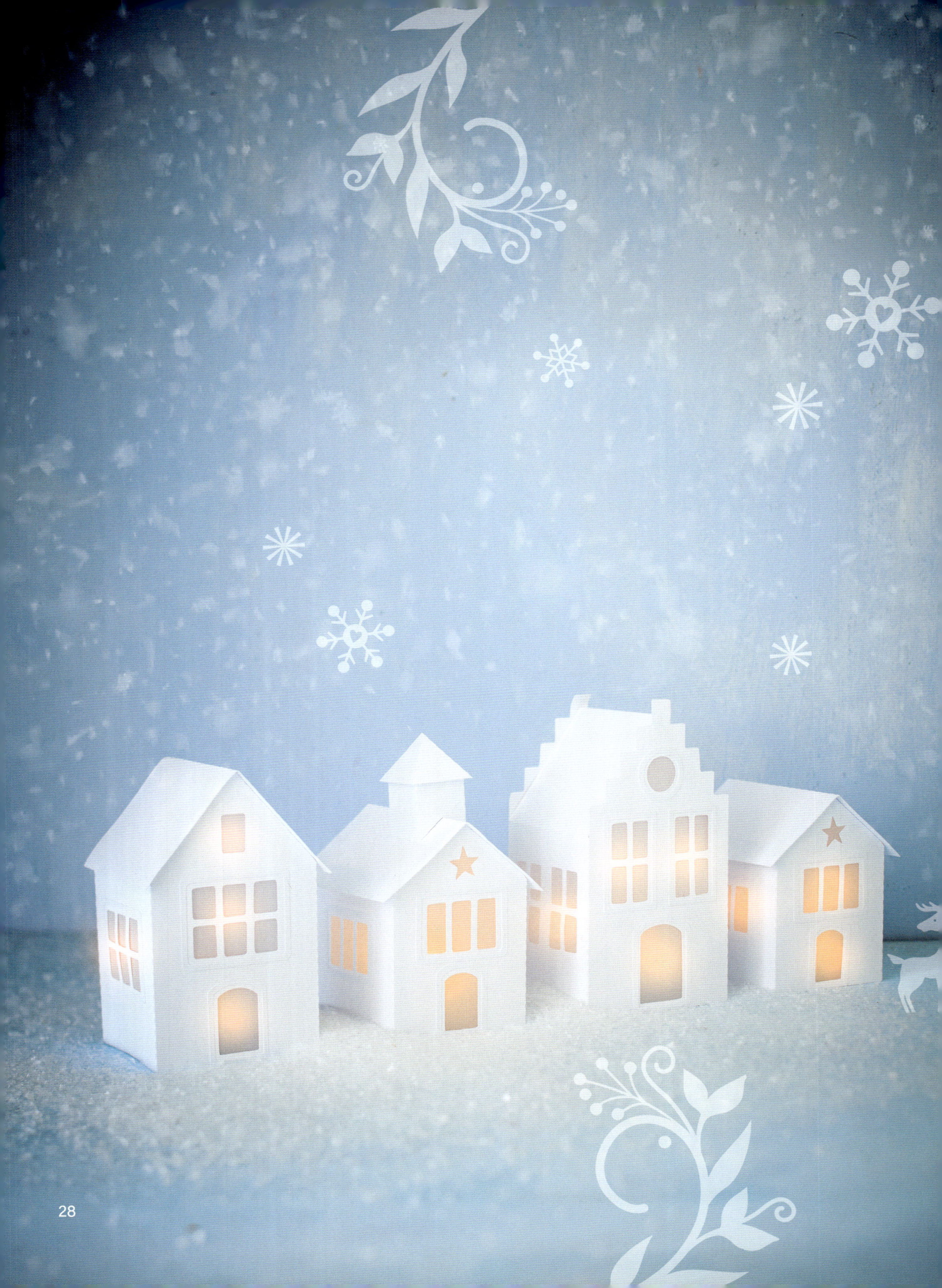

FILIGRANE PAPIERHÄUSER

SCHWIERIGKEIT

●●○

GRÖSSE HAUS MIT TREPPENDACH
8,5 CM X 6,5 CM X 15 CM

MATERIAL JE HAUS

- Scrapbook-Papier in Weiß, 160g/m^2, 30 cm x 30 cm
- Klebstoff
- LED-Lichterketten
- Transparentpapier

DATEIEN

„Lichthaus_1"
„Lichthaus_2"
„Lichthaus_3"

1 Die Datei für das gewünschte Lichthaus öffnen, mögliche Gruppierungen aufheben und die pinken Linien in (perforierte) Falzlinien umwandeln. Die Teile schneiden lassen.

2 Die zusätzlichen Rahmen um die Fenster und Türen kleben. Das Transparentpapier von Hand zu passenden Rechtecken schneiden und hinter Fenster und Türen kleben.

3 Die Seitenteile des Hauses zusammensetzen, sodass die rechteckige Grundform entsteht. Dann das Dach befestigen.

4 Die Lichterkette platzieren und die Häuser darüber stellen.

Jedes Lichthaus ist so entworfen, dass es auch stark vergrößert und auf mehrere Seiten aufgeteilt werden kann.

Anstelle des Scrapbook-Papiers kann man auch einfach stärkeres Druckerpapier (ca. 160 g/m^2) verwenden. Dann benötigt man zwei Bögen je Haus.

Die Fenster sehen ohne Transparentpapier noch etwas filigraner und luftiger aus.

BUNTE ANHÄNGER

SCHWIERIGKEIT

●●○

GRÖSSE ANHÄNGER IN GRÜN 7 CM X 17 CM

MATERIAL

- Fotokartonreste in Pink, Rot, Weiß, Orange, Grün
- Deko, z.B. bunte Holzkugeln, Prismen, Glocken, Perlen
- Garn in verschiedenen Farben
- Troddeln
- Buntstifte, Wachsmalstifte und/oder Acrylstifte

DATEI

„Ornamente"

1 Die Datei mit den Ornamenten öffnen, mögliche Gruppierungen aufheben und alle nicht gewünschten Teile löschen. Dann die pinken Linien in (perforierte) Falzlinien umwandeln. Für jedes Ornament werden vier Zuschnitte benötigt, daher die Vorlage dreimal kopieren. Alle Teile aus der gewünschten Kartonfarbe schneiden lassen. Die kleinen Dekozuschnitte aus einer anderen Farbe schneiden.

2 Die Zuschnitte für den Anhänger jeweils mittig falzen, sodass sie einen 90°-Winkel ergeben und zusammenkleben. In der Mitte stoßen die vier Falzlinien aufeinander.

3 Die kleinen Dekozuschnitte (Herzen, mondförmige Zuschnitte etc.) auf die Seiten des Ornaments kleben und mit Stiften farbenfroh bemalen. Dann die Ornamente mit Prismen, Troddeln, Holzkugeln etc. dekorieren. Zum Schluss am oberen Ende ein langes Band zum Aufhängen befestigen.

Troddeln kann man leicht aus Wolle selbst machen. Unter dem Stichwort „Quastenmaker" oder „Troddelmaker" findet man sogar Schablonen dafür. Natürlich eignet sich aber auch ein einfaches Stück Pappe zum Umwickeln.

Zum Bemalen bieten sich hoch pigmentierte Wachsmaler besonders an, da die Farben so trotz des bunten Papiers leuchten können.

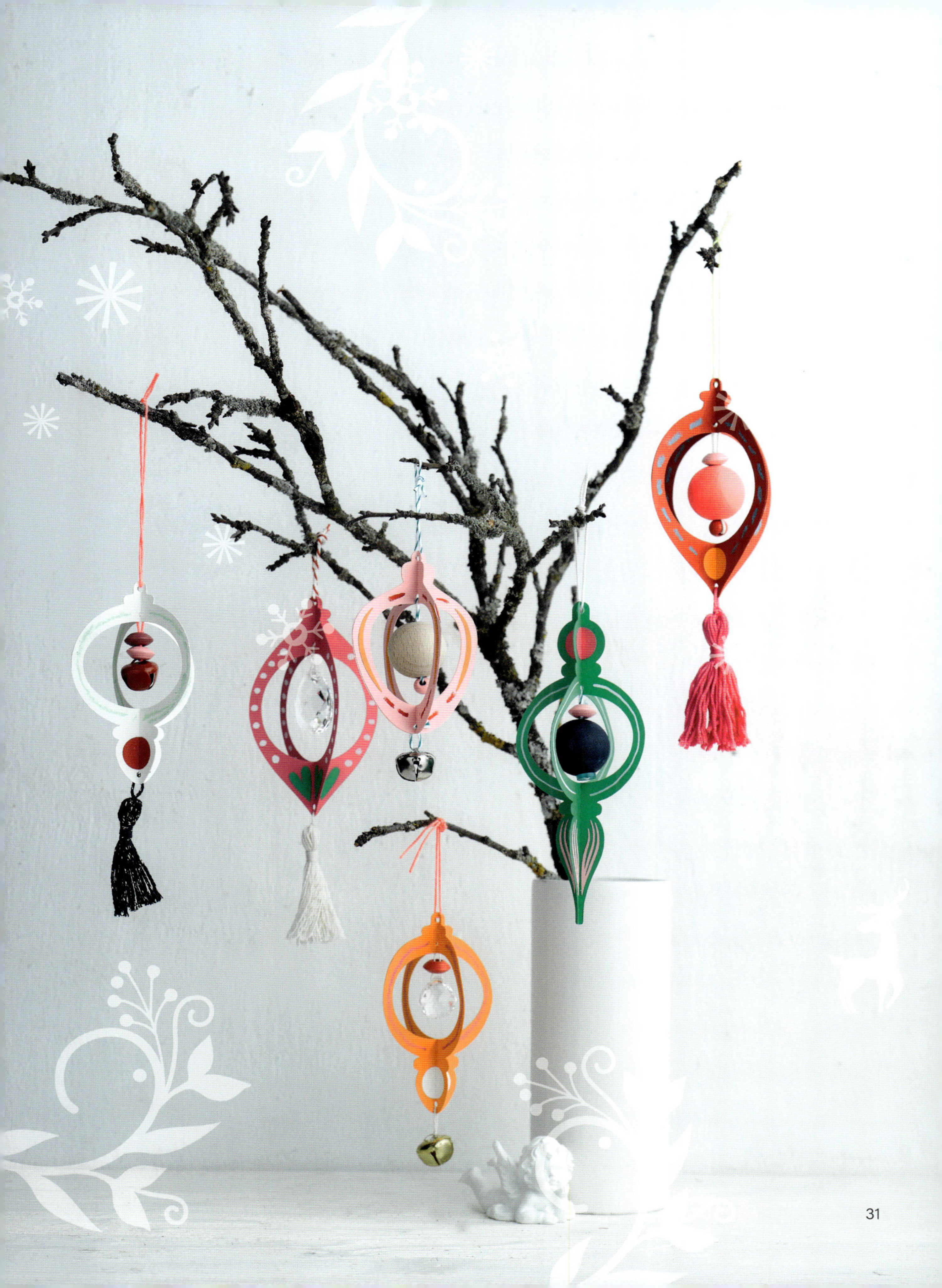

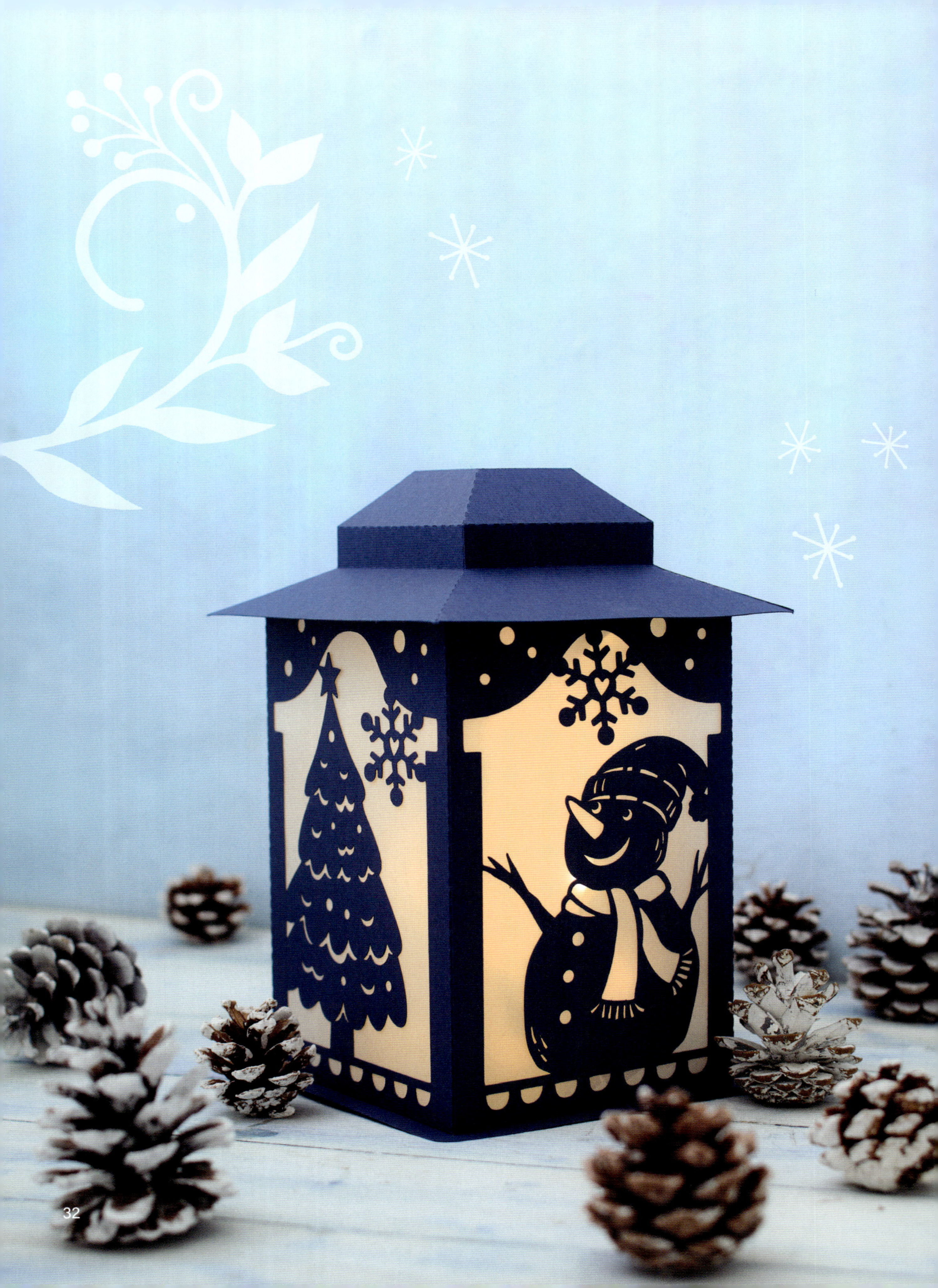

WINTERLICHE LATERNE

SCHWIERIGKEIT

●●●

GRÖSSE
CA. 15 CM X 22 CM

MATERIAL

- 4 Bogen Fotokarton in Dunkelblau, A4
- 2 Bogen Transparentpapier, A4
- Lichterkette

DATEIEN

„Laterne_1" (Seiten)
„Laterne_2" (Dach)
„Laterne_3" (Boden)

1 Die Dateien öffnen, mögliche Gruppierungen aufheben und die pinken Linien als (gestrichelte) Falzlinie definieren.

2 Die Zuschnitte für die Seiten zweimal plotten, dann das Dach und den Boden. Die beiden länglichen Streifen beim Bodenteil sind zusätzliche Verstärkungen, die an die Innenseite geklebt werden können, um der Laterne mehr Stabilität zu verleihen. Im oberen Teil angebracht, kann die Lichterkette darüber gehängt werden.

3 Aus dem Transparentpapier vier Rechtecke (11,5 cm x 17,5 cm) zuschneiden und von innen an die Seitenteile kleben. Dann die Seitenteile zu einem Rechteck zusammenkleben und auf die Bodenplatte kleben. Gegebenenfalls einen oder beide Streifen zur Stabilität ankleben.

4 Die beiden Zuschnitte für das Dach der Laterne zu einem Stufendach falzen und ebenfalls zusammenkleben. Die Lichterkette in das Innenteil geben, den Schalter nach außen legen und dann das Dach festkleben.

Die beiden Motive der Laterne eignen sich gut als ausgeschnittene Karte wie auf Seite 114, da sie aus einer ununterbrochenen Fläche bestehen. Dafür eine der drei Dateien für die „Papercut-Karten" öffnen und das Motiv in der Mitte rauslöschen. Dann von der Laternen-Datei die äußeren Linien und die Falzlinien löschen und eines der beiden Motive in die Kartendatei setzen.

Zum Kleben von Transparentpapier eignen sich kleine Kleberoller, die es in den Fotoabteilungen vieler Drogeriemärkte gibt.

BELEUCHTETER STERN

SCHWIERIGKEIT

● ● ○

GRÖSSE
40 CM X 40 CM

MATERIAL

- Fotokarton in Rosa, Rot, Pink und Orange, A4
- 4 Bogen Transparentpapier, A4
- Lichterkette
- Schaschlikspieß

DATEIEN

„Achtzackiger_Stern_1“ (gepunktetes Muster)
„Achtzackiger_Stern_2“ (dreieckige Leuchtflächen)
„Achtzackiger_Stern_TP“

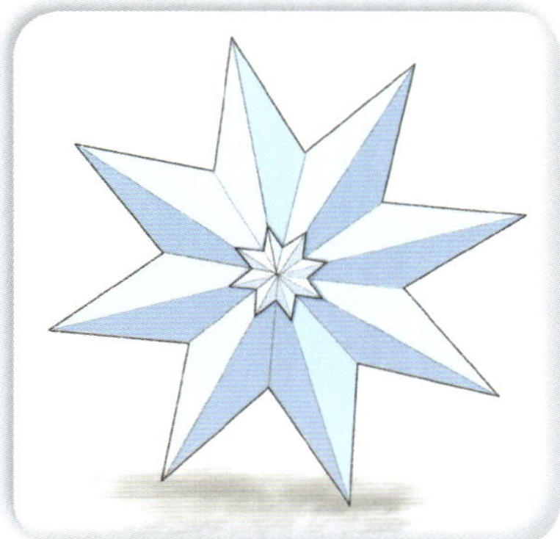

1 Die Dateien öffnen, mögliche Gruppierungen aufheben und die pinken Linien in (gestrichelte) Falzlinien umwandeln. Dann die großen und die kleinen Sternspitzen aus vier verschiedenfarbigen Papieren plotten. Der Ministern wird zweimal benötigt. Aus dem Transparentpapier 16 große und 16 kleine Dreiecke zuschneiden lassen.

2 Das Transparentpapier von innen in die Spitzen kleben. Dann aus jedem Zuschnitt eine Spitze falten und zusammenkleben.

3 Danach die acht Spitzen zusammenkleben, lange und kurze Spitzen wechseln sich dabei ab. Bevor die letzte Spitze angeklebt wird, die Lichterkette in das Innere des Sterns legen. Die letzte Klebefläche gegebenenfalls mit Hilfe des Schaschlikspießes ankleben. Dafür den Spieß von der Mitte des Sterns nach innen stechen und von innen gegen die Klebefläche drücken. Das mögliche Loch wird dann mit dem Ministern abgedeckt.

Zum Kleben von Transparentpapier eignen sich kleine Kleberoller, die es in den Fotoabteilungen vieler Drogeriemärkte gibt.

Der Stern kann auch aus acht gleichgroßen Sternenspitzen gebastelt werden. Dabei ist es egal, ob man sich für die kurzen oder die langen Sternspitzen entscheidet.

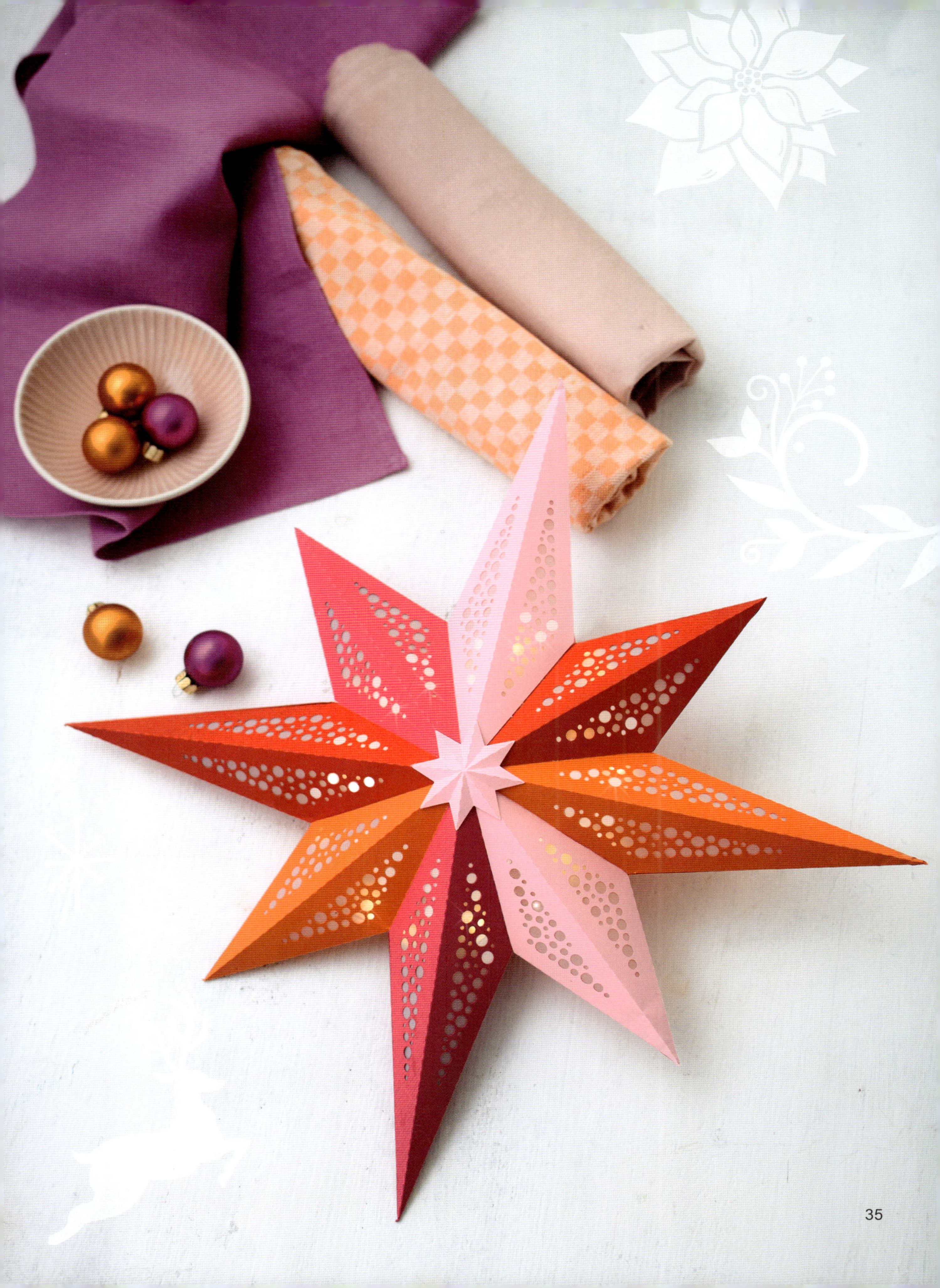

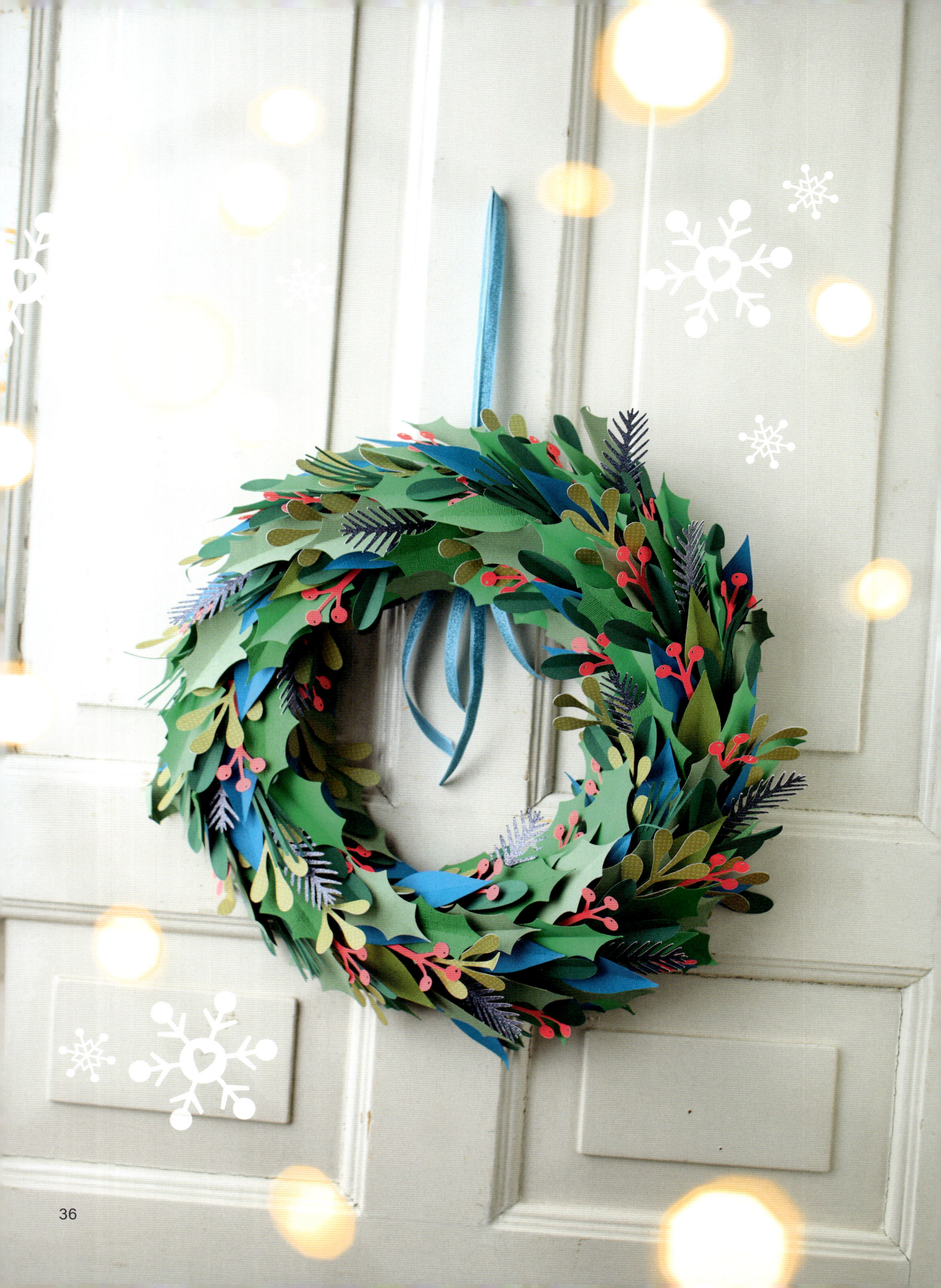

TÜRKRANZ AUS PAPIER

SCHWIERIGKEIT

●●●

GRÖSSE
CA. 40 CM X 40 CM

MATERIAL

- Je 3–4 Bogen Tonzeichenpapier, Strukturkarton, Scrapbook-Papier und Glitterkarton in verschiedenen Grün- und Blautönen, A4
- 2 Bogen Tonzeichenpapier in Pink, A4
- Kranzrohling aus Styropor oder Stroh, Ø 32 cm
- Heißklebepistole
- Dekoband, ca. 1 m

DATEI
„Kranz"

1 Die Dateien öffnen, mögliche Gruppierungen aufheben und die pinken Linien in (gestrichelte) Falzlinien umwandeln. Dann jeweils ein Blatt so oft duplizieren, dass die komplette Seite gefüllt ist. Die einzelnen Motive nah zueinander schieben, so bekommt man mehr Motive aus den Papieren heraus. Dann die Motive aus verschiedenen Papieren zuschneiden.

2 Die Blätter an den Falzlinien knicken. Beim Bekleben des Kranzes an einer Stelle beginnen und stückchenweise um den Kranz arbeiten. Am Ende die zuerst geklebten Blätter etwas anheben und die letzten Blätter leicht darunter schieben.

3 Das Dekoband dritteln, ein Teil zu einer Schlaufe legen und von hinten an den Kranz kleben, gegebenenfalls mit einer Stecknadel fixieren. Die beiden anderen Zuschnitte ungefähr mittig knicken und von hinten am Kranz befestigen, sodass die Enden in der Mitte des Kranzes runterhängen.

SCHNEEFLOCKEN
FÜRS FENSTER

SCHWIERIGKEIT

●●○

GRÖSSE
Ø 4 CM–10 CM

MATERIAL

- Druckerpapier 160 g/m², A4

DATEI
„Schneeflocken"

1 Die Datei öffnen und alle nicht benötigten Schneeflocken löschen. Dann gegebenenfalls die Größe der einzelnen Flocken anpassen und plotten lassen. Die Schneeflocken lassen sich einfach mit einem Klebestift am Fenster ankleben. Das hält ausreichend und mögliche Klebereste können nach dem Winter mit einem feuchten Tuch von der Fensterscheibe abgewischt werden.

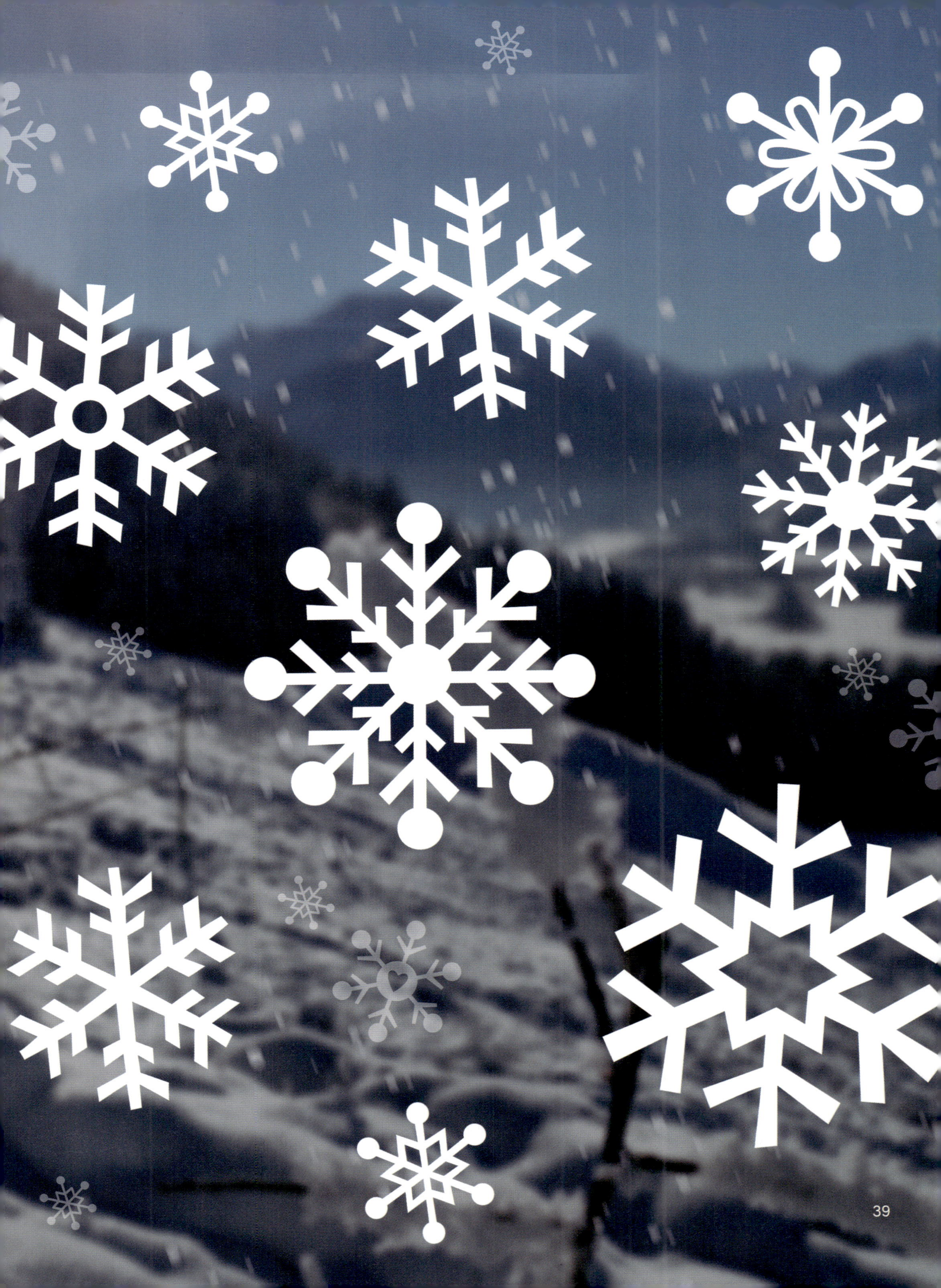

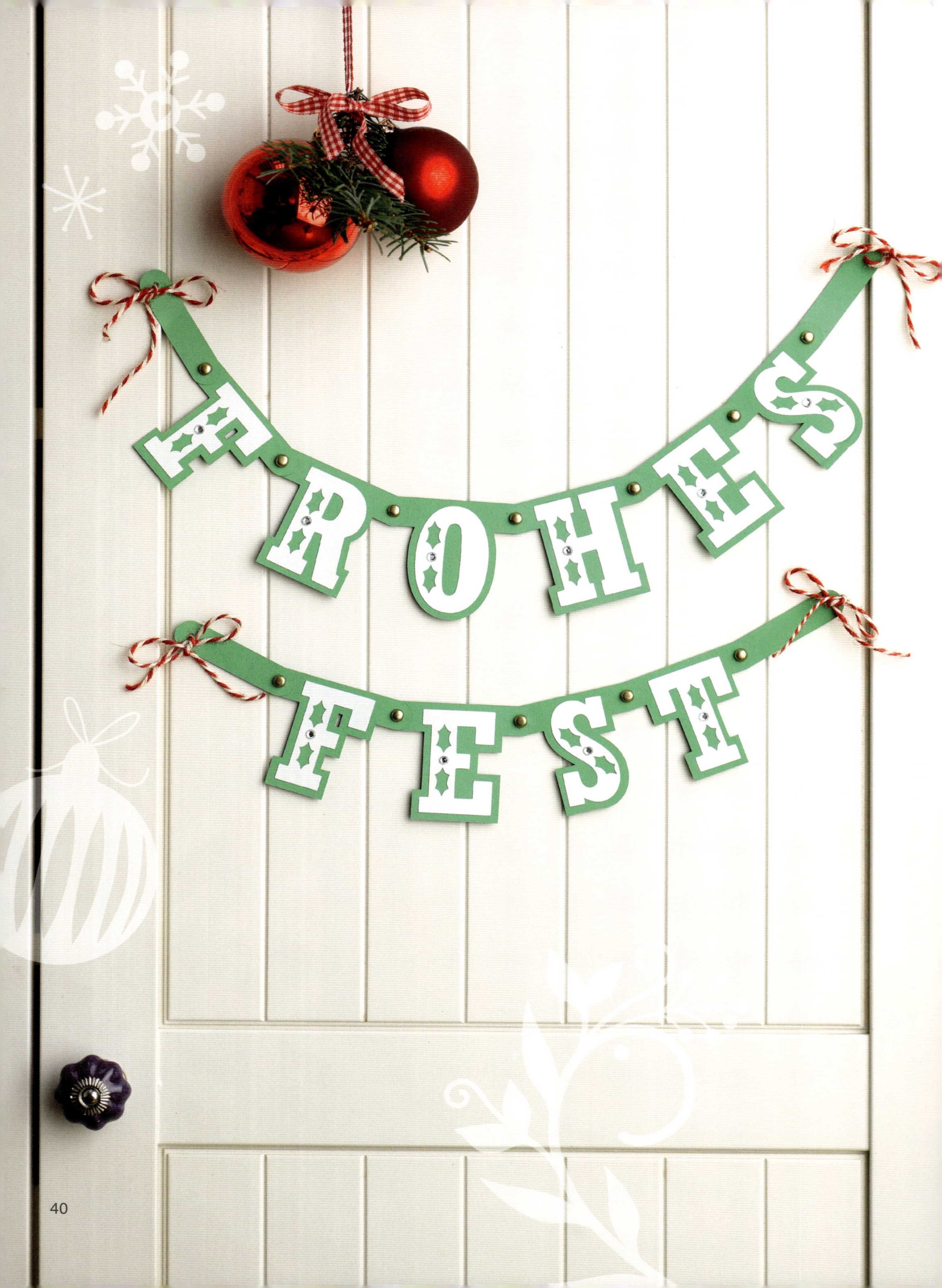
FROHES
FEST

GIRLANDE
„FROHES FEST“

SCHWIERIGKEIT

●○○

GRÖSSE
CA. 40 CM X 20 CM

MATERIAL
- Fotokarton in Grün, A4
- Tonzeichenpapier in Weiß, A4
- 12 Brads/Musterbeutelklammern, Ø 7 mm

DATEIEN
„Alphabet_A-I“
„Alphabet_J-Q“
„Alphabet_R-Z“

1 Die Dateien öffnen und alle nicht gewünschten Buchstaben inkl. derer Hintergründe löschen. Die Buchstaben F, E und S inklusive Hintergründe verdoppeln. Es werden vier längliche Endstücke benötigt. Dann die Buchstaben von der Arbeitsfläche runterschieben und die Hintergründe auf einer Fläche in A4 verteilen sowie aus dem grünen Karton plotten.

2 Die Hintergründe rauslöschen, dann die Buchstaben auf der Seite verteilen und aus dem weißen Papier plotten. Die Buchstaben auf die Hintergründe kleben, dann die Strasssteine auf die kleinen Kreise kleben. Die Buchstaben zusammensetzen und die Endstücke befestigen. Den Schriftzug aufhängen.

Um deinen eigenen Schriftzug entwerfen zu können, enthält die Datei das gesamte Alphabet inklusive einem Stern und einem Endstück.

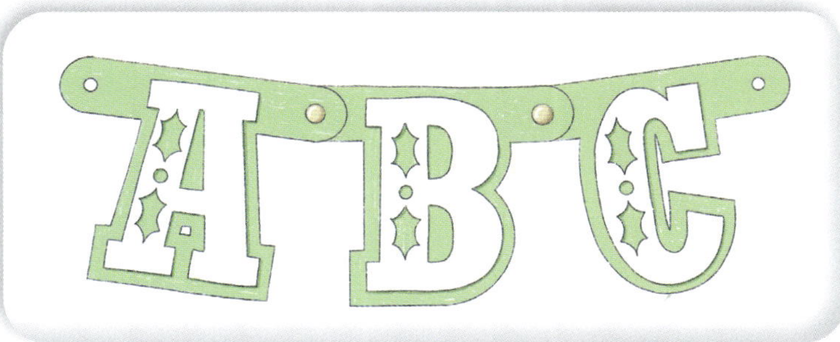

MUFFINTOPPER „WINTERWUNDERLAND“

SCHWIERIGKEIT

● ○ ○

GRÖSSE
CA. 8 CM X 9 CM

MATERIAL
- Strukturkartonreste in Grün und Weiß
- Glitzerkartonrest in Silber
- Kraftkartonrest
- 6 Holzspieße, ca. 15 cm lang
- Bakers Twine oder Dekobänder in Weiß und Rosa, 30 cm je Anhänger
- 5 Holzperlen in Rot und Rosa
- Fineliner in Schwarz
- Filzstift in Rot
- Schaschlikspieße

DATEI
„Muffintopper“

1 Die Datei öffnen, mögliche Gruppierungen lösen und alle nicht benötigten Motive von der Arbeitsfläche schieben bzw. löschen. Alle gewählten Motive verdoppeln, spiegeln und schneiden lassen. Rote Streifen auf die Candy Canes malen, den Rehen Augen aufmalen.

2 Das obere Ende der Schaschlikspieße mit einem Cutter leicht flach schnitzen, so trägt der Spieß nicht so auf. Dann den Spieß auf eine der Figuren kleben und das gegengleiche Motiv darauf kleben. Die Muffintopper mit den Dekobändern und Holzperlen verzieren.

Schau in deinem örtlichen Supermarkt nach farblich passenden Streuseln. Besonders in der Weihnachtszeit wird man dort sicher fündig.

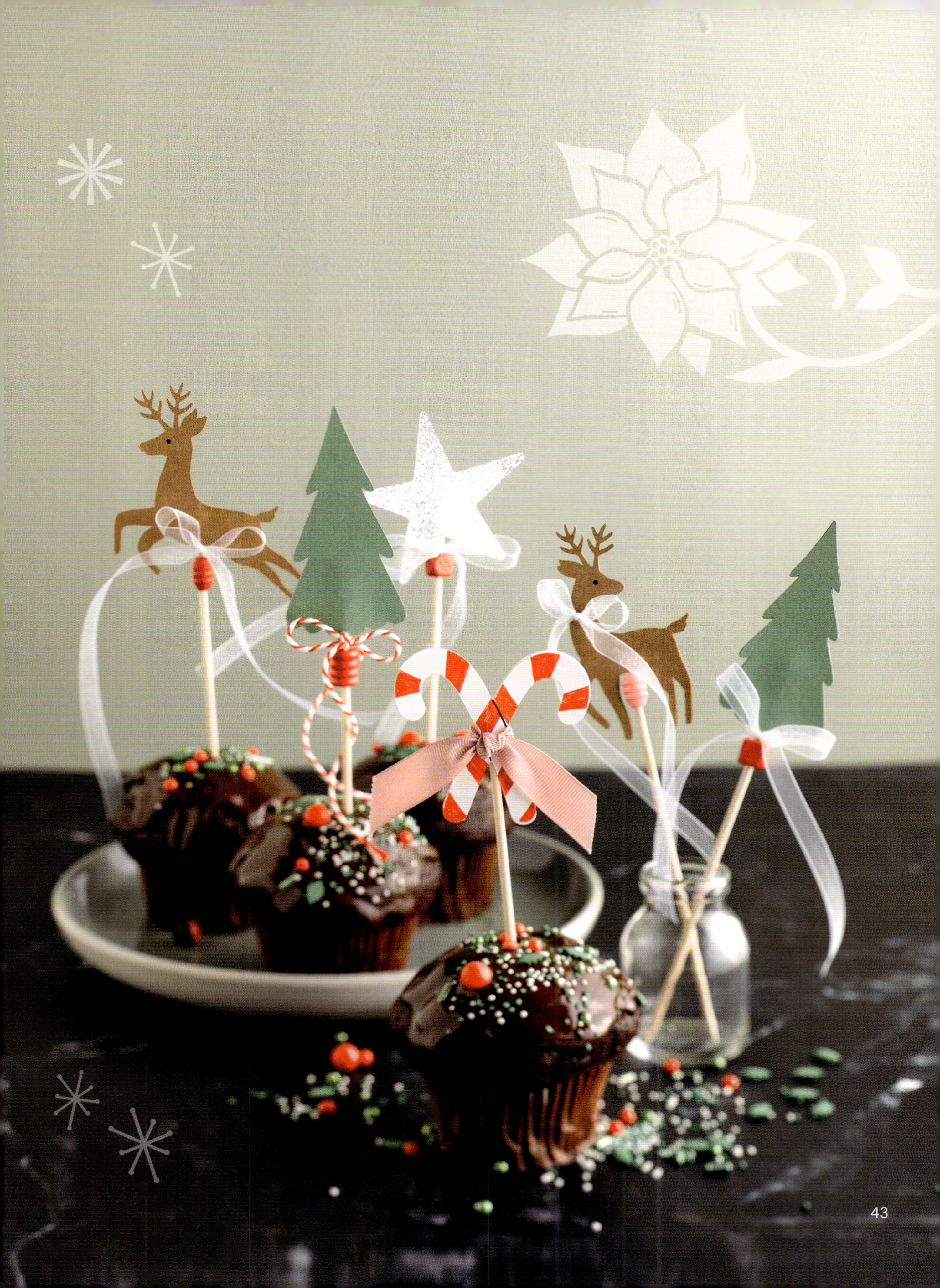

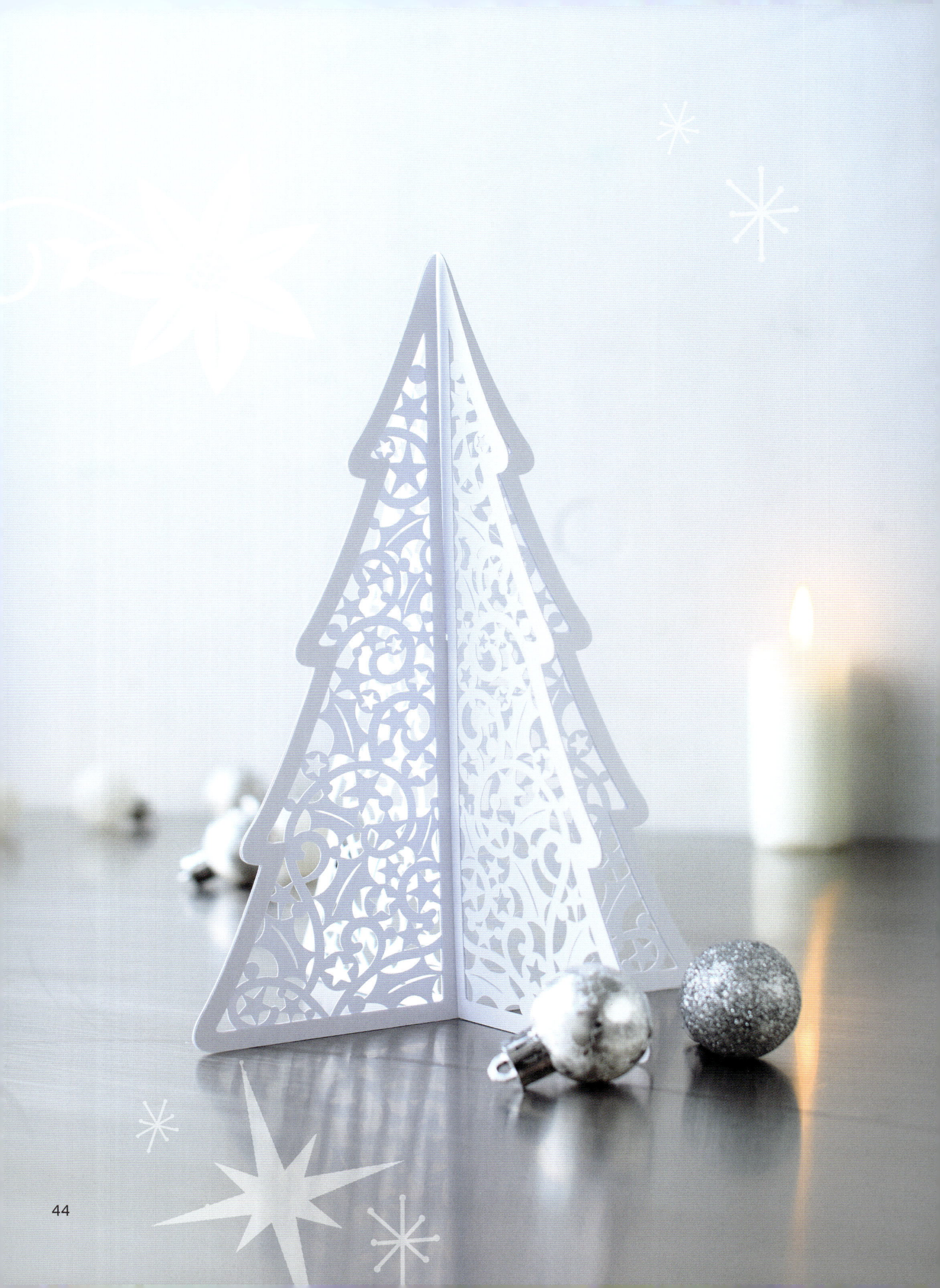

BAUM
ZUM AUFSTELLEN

SCHWIERIGKEIT

●●○

GRÖSSE
21 CM X 15 CM X 15 CM

MATERIAL
- Druckerpapier, 160 g/m², A4
- 2 Bogen Druckerpapier, 250 g/m², A4
- Permanenter Sprühkleber
- Washi Tape-Reste

DATEIEN
„Filigraner_Baum"
„Filigraner_Baum_Verstaerkung"

Der Baum braucht viel Zeit beim Plotten. Für das filigrane Motiv empfiehlt sich eine Papierstärke von ca. 160 g/m². Damit der Baum gerade steht, werden die Ränder mit stärkerem Papier von jeder Seite verstärkt. Dafür kann man z.B. Papiere mit Glitzer oder in verschiedenen Farben verwenden.

1 Die Datei ***Filigraner_Baum*** öffnen, mögliche Gruppierungen lösen und aus dem dünneren Druckerpapier schneiden lassen.

2 Dann die Datei ***Filigraner_Baum_Verstaerkung*** öffnen und jedes Teil zweimal schneiden lassen. Für das exakte Zusammenkleben von Verstärkungen und Baum gibt es einen Trick: Den entsprechenden Zuschnitt für die Verstärkung exakt auf den Baum legen, die mittleren Einschnitte sind entweder beide oben oder beide unten. Dann am unteren Rand zwei kurze Streifen Washi Tape anbringen und den Baum gemäß Abbildung aufklappen. Den filigranen Baum mit einem Stück Papier abdecken und nur die Verstärkung mit Sprühkleber benetzen. Dann die Verstärkung auf den Baum klappen und gut andrücken. Das Washi Tape entfernen. Alle vier Verstärkungen nach diesem Prinzip auf die beiden Baumteile kleben.

Um die Größe des Motivs zu ändern, beide Dateien öffnen und alle (!) vier Teile gleichmäßig verkleinern oder vergrößern. Im Nachhinein die Maße anzupassen ist sehr schwierig.

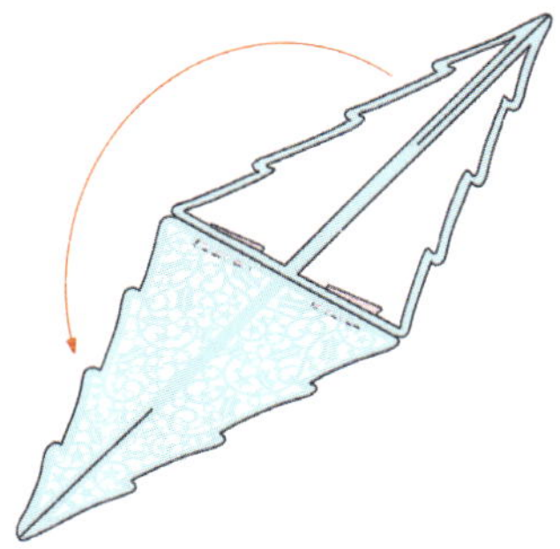

ANHÄNGER
AUS PORZELLAN

SCHWIERIGKEIT

●●○

GRÖSSE
Ø 7 CM

MATERIAL
- 3 Porzellananhänger, Ø 7 cm
- Vinylfolienrest in Schwarz
- Dekoband in Rosa, 1,5 cm breit, 3 x 30 cm lang
- Feine Kordel in Weiß, 3 x 30 cm lang
- Übertragungsfolie (alternativ breites, helles Washi Tape)

DATEI
„Kleine_Anhaenger"

1 Die Datei öffnen, mögliche Gruppierungen lösen und alle nicht benötigen Motive löschen. Gegebenenfalls das ausgewählte Motiv auf die passende Größe bringen und die Jahreszahl anpassen, dann den Kreis um das Motiv löschen. Das Motiv plotten und die überstehende Folie entfernen.

2 Die Übertragungsfolie auf das Motiv kleben und hinten das Trägerpapier vorsichtig lösen. Eventuell ist es leichter, hier mit einem hellen Washi Tape zu arbeiten, es klebt etwas stärker als manche Übertragungsfolie und ist so transparent, dass Motiv und Anhänger durchscheinen. Dann das Motiv auf dem Anhänger platzieren und aufkleben. Das Garn an dem Anhänger befestigen und eine Schleife anbringen.

Die Idee mit der Jahreszahl stammt aus den USA. Dort werden häufig Anhänger mit Jahreszahlen gekauft oder verschenkt. Das Buch erscheint 2024, daher ist diese Jahreszahl auch auf den Anhängern zu lesen. Die Jahreszahl kann in den folgenden Jahren einfach ersetzt werden.

Zwei der Anhänger haben einen runden Rand unten. In der Datei sind aber auch die Vorlagen mit einem geraden unteren Abschluss enthalten.

Den Anhänger nicht kleiner als 7 cm wählen, sonst werden Teile des Motivs so klein, dass sie sich nicht mehr übertragen lassen.

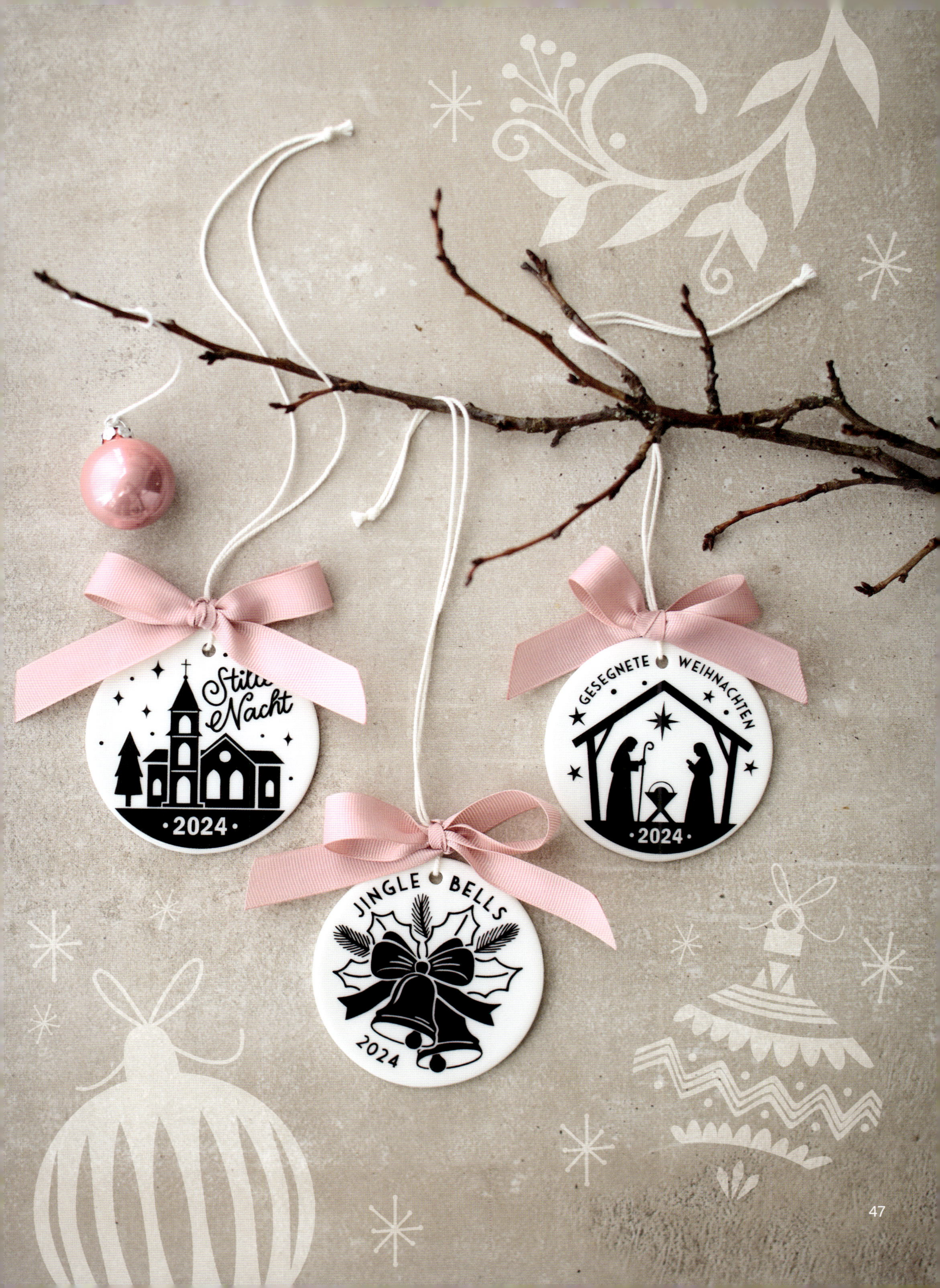
Nacht
2024
JINGLE BELLS
2024
GESEGNETE WEIHNACHTEN
2024

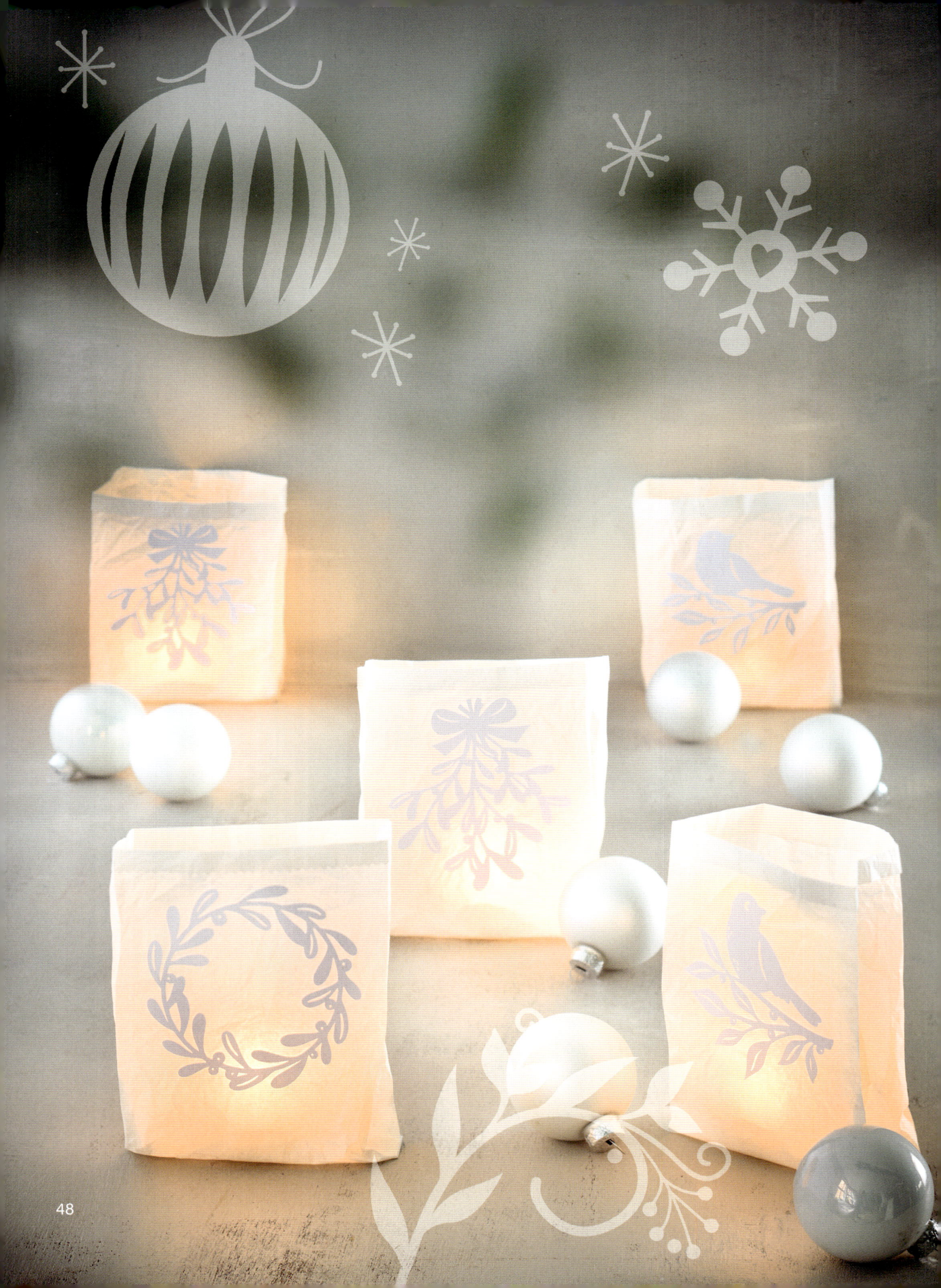

STRAHLENDE LICHTTÜTEN

SCHWIERIGKEIT

● ○ ○

GRÖSSE
CA. 10 CM X 10 CM

MATERIAL

- 3 Butterbrottüten
- Druckerpapier, 160 g/m², A4
- 3 Gläser mit Teelicht

DATEI
„Lichttueten"

1 Die Datei öffnen und auf der Arbeitsfläche platzieren. Dann schneiden lassen und die filigranen Motive vorsichtig von der Schneidematte lösen.

2 Den oberen (nur auf einer Seite vorhandenen) Rand der Butterbrottüte abschneiden, dann zusammenknüllen und wieder etwas ausstreichen. Den oberen Rand ca. 1 cm nach außen knicken. Dann das Motiv auf die Vorderseite der Butterbrottüte kleben. Die Tüte aufstellen, dann je ein Glas mit Teelicht in eine Tüte stellen.

Für eine andere Optik kann der obere Rand auch mit einer Zickzack-Schere verziert werden.

FASSADEN
AUS PAPIER

SCHWIERIGKEIT

●○○

GRÖSSE
CA. 50 CM X 20 CM

MATERIAL

- 5 Bogen Fotokarton in Weiß, Hellblau, Mittelblau, Graublau und Grau, A4
- Klebeband

DATEIEN

„Haeuserreihe_1"
„Haeuserreihe_2"

1 Nacheinander die beiden Dateien öffnen, mögliche Gruppierungen lösen und jedes Haus einmal normal und einmal gespiegelt ausschneiden. Mit den Dächern ebenso verfahren.

2 Von jedem Hausmodell eines verwenden und nebeneinanderlegen. Dann die Häuser mit Klebestreifen verbinden, dabei zwischen den Häusern eine kleine Lücke lassen, sodass man sie später im Zickzack aufstellen kann. Das gespiegelte Haus darauf kleben, sodass der Klebestreifen zwischen den Papieren klebt und nicht mehr sichtbar ist. Zum Schluss die Dächer aufkleben.

Die Häuserreihe ist inspiriert von der sogenannten Rainbow Row in Charleston, South Carolina.
Die Häuser der echten Rainbow Row sind allerdings bunt.

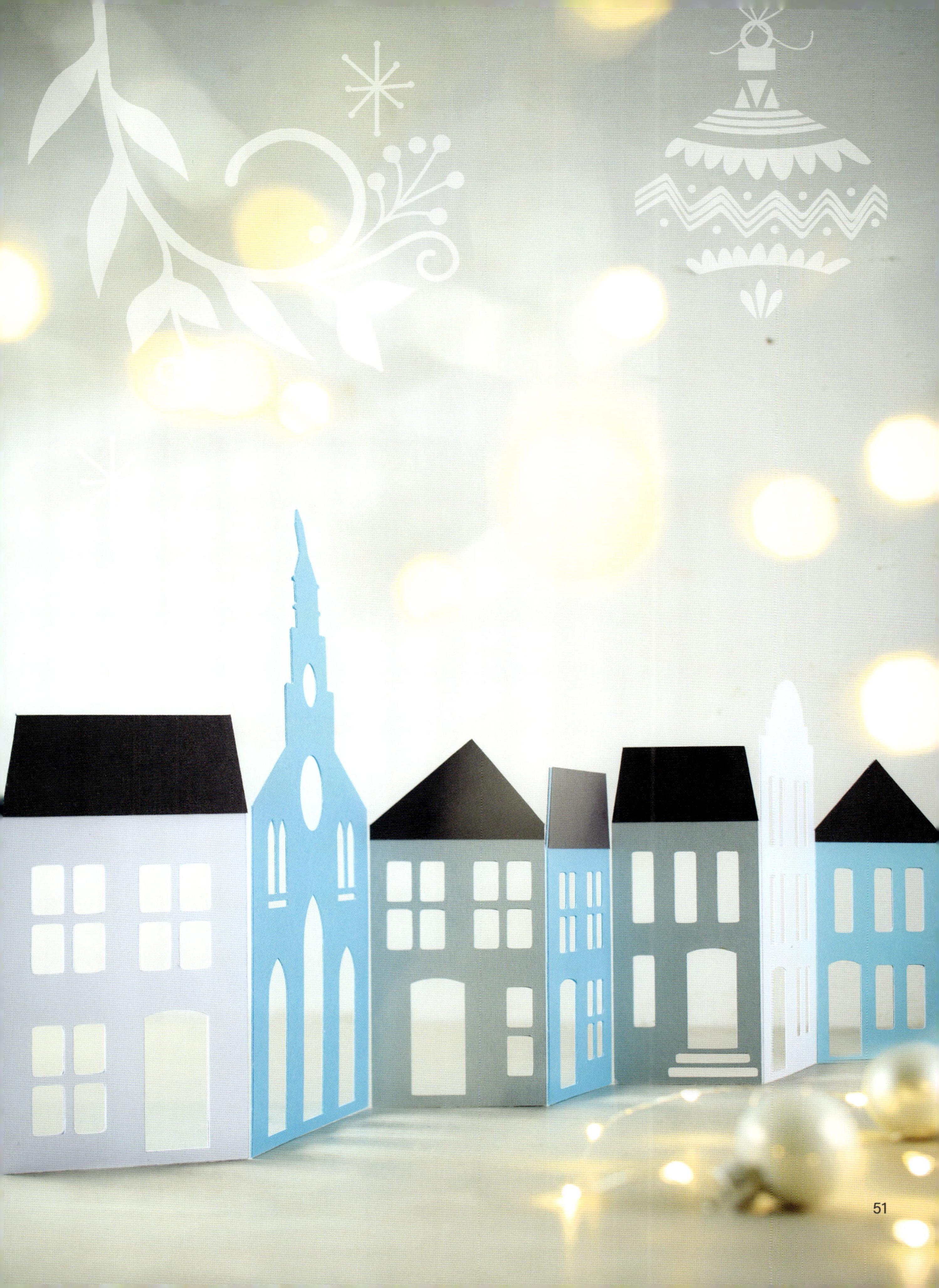

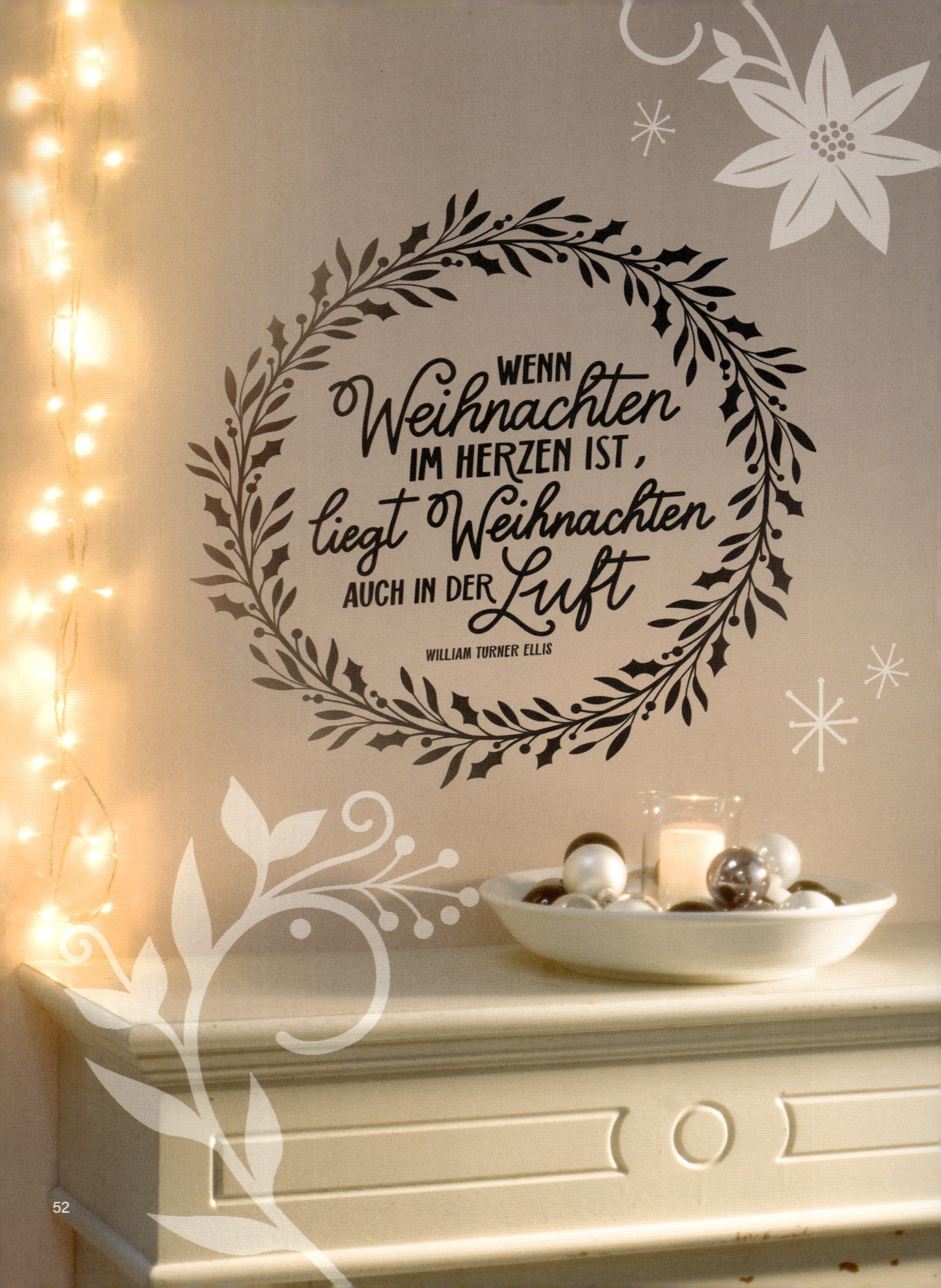
WENN Weihnachten IM HERZEN IST, liegt Weihnachten AUCH IN DER Luft
WILLIAM TURNER ELLIS

WANDTATTOO MIT BOTSCHAFT

SCHWIERIGKEIT

●●●

GRÖSSE
CA. 55 CM X 55 CM

MATERIAL

- 5 Bogen Wandtattoofolie aus Vinyl, 30,5 cm x 30,5 cm
- 5 Bogen Übertragungsfolie, 30,5 cm x 30,5 cm
- Malerkrepp oder breites Washi Tape
- Rakel mit weicher Kante

DATEIEN

„Wandtattoo_1"
„Wandtattoo_2"
„Wandtattoo_3"
„Wandtattoo_4"
„Wandtattoo_5"
„Wandtattoo_30x30"

Das Wandtattoo ist in fünf Dateien unterteilt: vier für den Kranz, eine für den Spruch in der Mitte.

1 Öffne die fünf Dateien nacheinander und lasse sie aus der Vinyllfolie schneiden. Entferne dann die überstehende Folie und klebe die Übertragungsfolie auf das Motiv.

2 Zum Ankleben an der Wand die vier Teile für den Kranz mit Hilfe des Malerkrepps vorübergehend an die Wand kleben und genau ausrichten. Je ein Motiv am Malerkrepp nach oben klappen und das Trägerpapier entfernen. Dann am Malerkrepp wieder nach unten klappen und mit einer Rakel die Übertragungsfolie entfernen. Zum Schluss den Spruch in der Mitte nach dem gleichen Prinzip an die Wand kleben.

Wer den Spruch für einen Einkaufsbeutel verwenden möchte, findet die Vorlage dazu unter dem Namen ***Wandtattoo_30x30.***

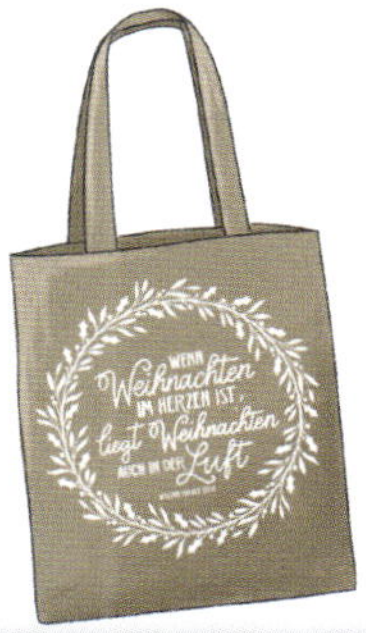

GEKLEBTE BAUMKUGELN

SCHWIERIGKEIT

●●○

GRÖSSE
Ø 8 CM

MATERIAL
- Buntes Scrapbook-Papier
- Garnrest in Weiß
- Streichholz
- Dekobandrest, 1,2 cm breit

DATEIEN
„Weihnachtsornament"

1 Die Datei öffnen, mögliche Gruppierungen lösen, dann die pinken Linien in (gestrichelte) Falzlinien umwandeln. Die Kugel schneiden lassen.

2 Die Kugel kann einfach aufgestellt werden. Wenn man sie aufhängen möchte, schneidet man auf einer Seite alle Spitzen ca. 2 mm ab, so entsteht ein Loch, in das man später das Garn zum Aufhängen einfädeln kann. Klebe dann alle Klebeflächen so zusammen, dass eine Kugel entsteht. Das Zusammensetzen braucht etwas Zeit, da die Klebeflächen erst etwas antrocknen müssen, bevor man den nächsten Abschnitt klebt. Für die letzte Reihe Klebeflächen einen langen spitzen Gegenstand (Stricknadel, Spieß) durch die obere Öffnung schieben und damit die Flächen von innen andrücken.

3 Zum Aufhängen die Garnenden an das Streichholz knoten und in die manuell geschnittene Öffnung schieben. Dann das Dekoband um das Garn knoten und zur Schleife binden.

Auf einen Bogen Scrapbook-Papier passen zwei dieser Kugeln. Eine der Vorlagen dafür um 180° drehen, so passen die Spitzen ineinander. Schöner Nebeneffekt: Man hat nur wenig Verschnitt.

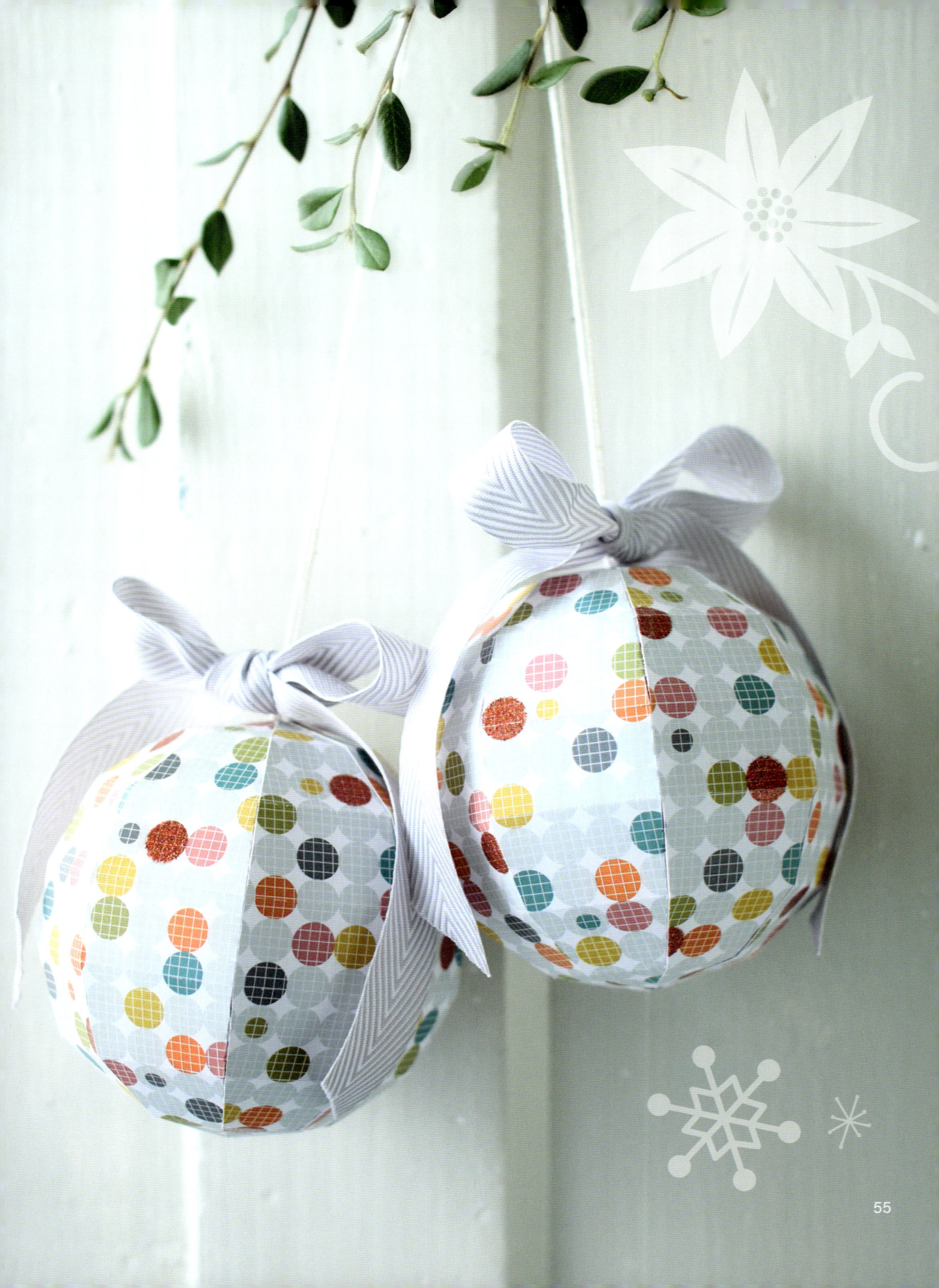

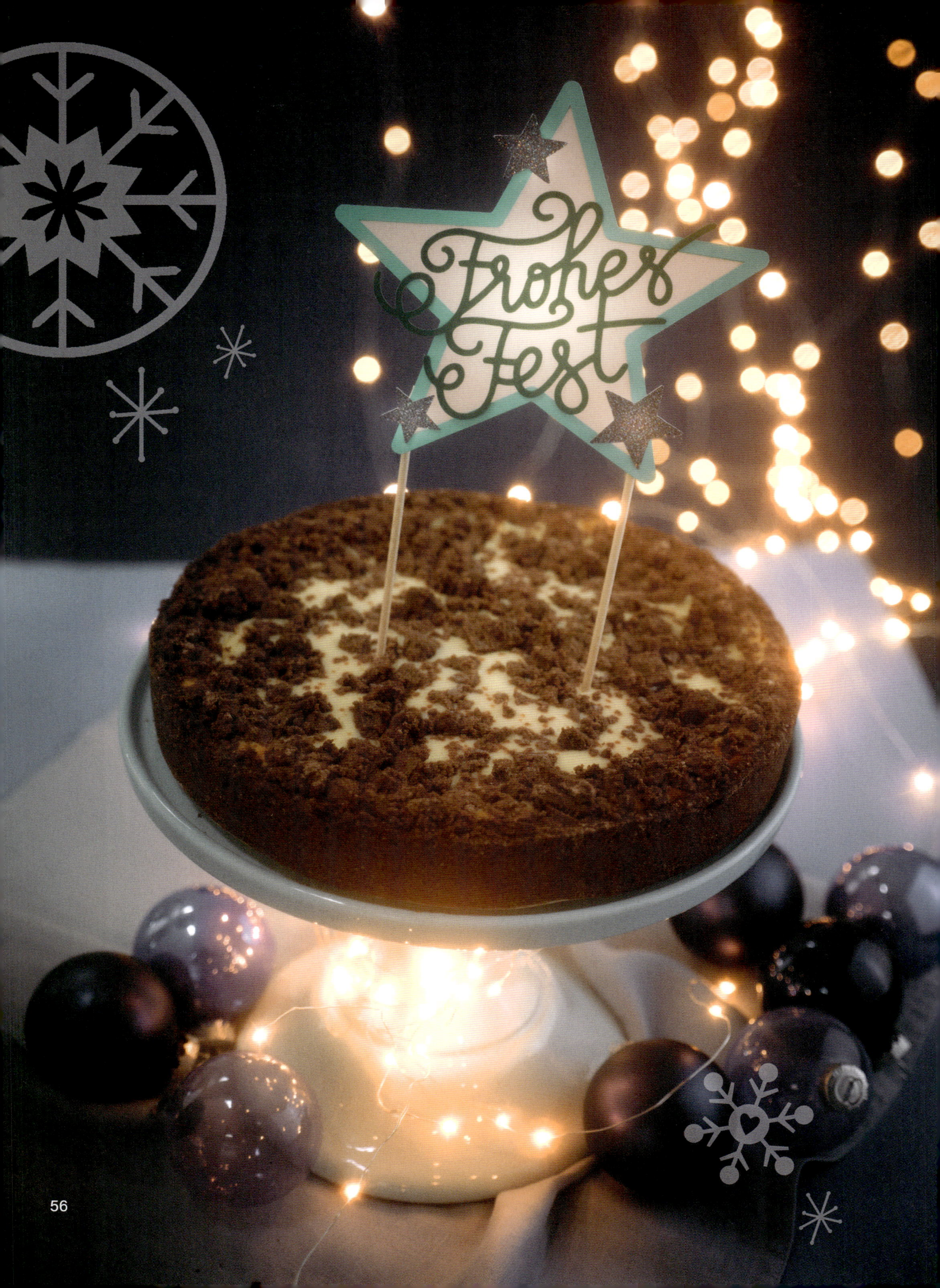
Frohes Fest

FRÖHLICHER
CAKETOPPER

SCHWIERIGKEIT

● ● ○

GRÖSSE
CA. 15 CM X 14 CM

MATERIAL

- Fotokarton in Mintgrün und Dunkelgrün, A5
- Glitzerkartonrest in Blaugrau
- Transparentpapierrest
- 2 Schaschlikspieße

DATEIEN

„Caketopper_Frohes_Fest"
„Caketopper_Merry_Christmas"

1 Die Datei mit dem gewünschten Text öffnen, dann mögliche Gruppierungen lösen. Zunächst alle Motive – außer den Stern mit der doppelten Linie - von der Arbeitsfläche schieben, den Stern duplizieren und aus dem mintgrünen Fotokarton schneiden lassen. Danach den Schriftzug aus dem dunkelgrünen Karton und die Sterne aus dem Glitzerkarton plotten. Zuletzt den Stern mit einfacher Linie und angepassten Schneideeinstellungen aus dem Transparentpapier schneiden lassen.

2 Das Transparentpapier auf einen der Sterne kleben. Die Schaschlikspieße mit einem Cutter am oberen Ende etwas abflachen, dann auf den Stern mit dem Transparentpapier kleben. Den 2. Stern deckungsgleich auf den ersten Stern kleben, das Transparentpapier und die Spießenden liegen zwischen den beiden mintgrünen Sternen. Zum Schluss den Schriftzug aufkleben und mit den Sternen gegebenenfalls die durchschimmernden Spieße abdecken.

Wer lieber den Schriftzug „Merry Christmas" auf seiner Torte haben möchte, findet die Vorlage unter dem Namen ***Caketopper_Merry_Christmas.***

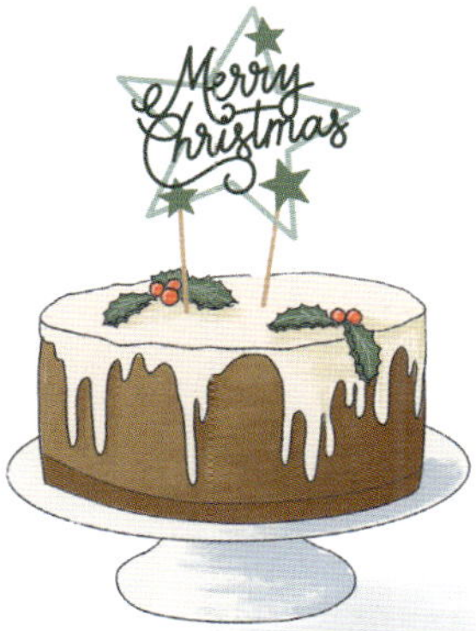

GEFLOCHTENE JULEHJERTER

SCHWIERIGKEIT

●●○

GRÖSSE
21 CM X 17 CM

MATERIAL

- Druckerpapier in Weiß und Rot, 160 g/m², A4

DATEIEN
„Julehjerter_1"
„Julehjerter_2"

1 Die Datei mit dem gewünschten Muster öffnen, mögliche Gruppierungen lösen und die pinken Linien in (gestrichelte) Falzlinien umwandeln. Dann das gleiche Muster einmal aus rotem und einmal aus weißem Papier schneiden lassen. Vom Rest einen 2 cm breiten Streifen Papier für die Aufhängung schneiden.

2 Die Herzen mittig falten, dann die beiden halben Herzen in einem 45-Grad-Winkel so aneinanderlegen, dass man die einzelnen Streifen miteinander verweben kann.

3 Nun abwechselnd den roten Streifen durch den weißen Streifen weben und andersherum. Die Streifen dabei nicht einfach über- bzw. untereinanderlegen, sondern immer durch die jeweilige Mitte der Schlaufe ziehen, sodass ein fest miteinander verflochtenes Herz entsteht und Kleinigkeiten in die so entstandene Tasche gefüllt werden können.

4 Zum Schluss die beiden Enden des Papierstreifens vorne und hinten an die herzförmige Tasche kleben.

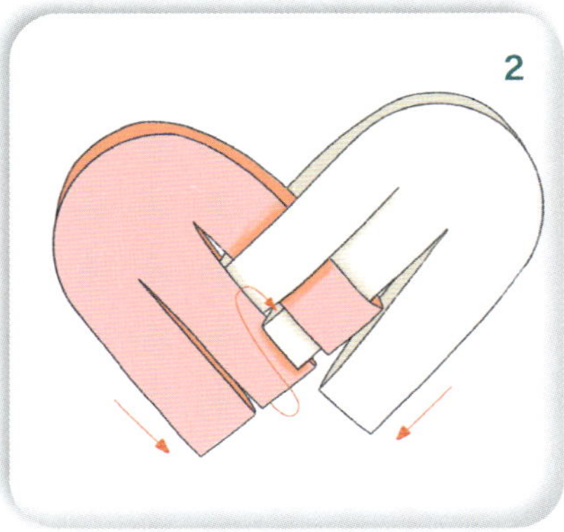

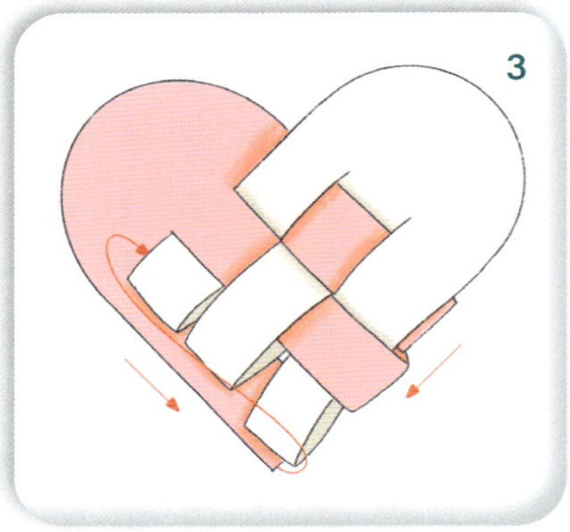

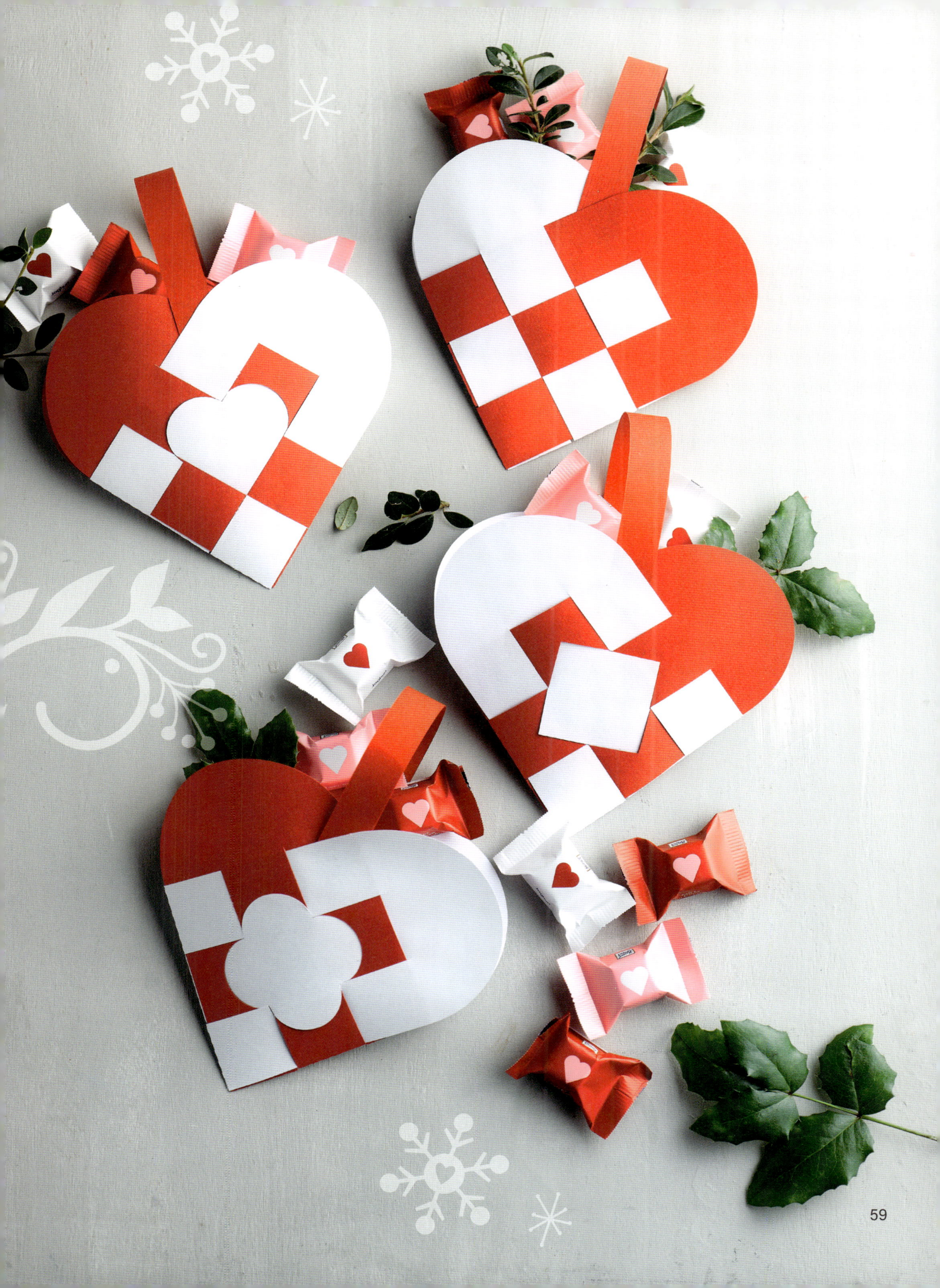

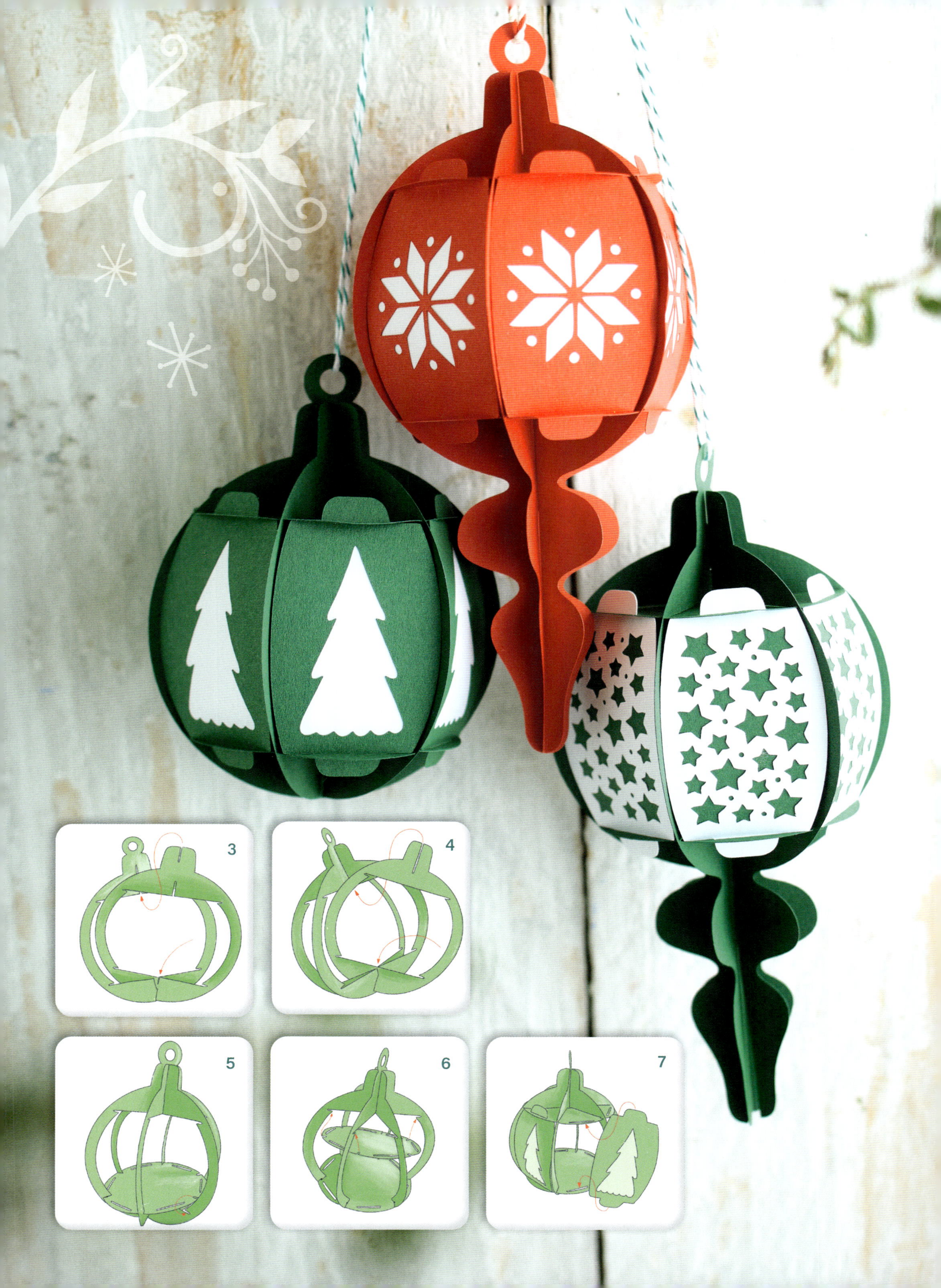
3
4
5
6
7

MOTIV-BAUMKUGELN

SCHWIERIGKEIT

●●●

GRÖSSE
9 CM X 10/17 CM

MATERIAL

- 2 Bogen Tonzeichenpapier in Grün oder Rot, A4
- Tonzeichenpapier in Weiß, A4
- Bakers Twine-Reste

DATEIEN

„Weihnachtskugel"
„Weihnachtskugel_lang"
„Weihnachtskugel_Seite"

1 Für die kleine Kugel die Datei ***Weihnachtskugel,*** für die lange Kugel ***Weihnachtskugel_lang*** öffnen und plotten.

2 Die Datei ***Weihnachtskugel_Seite*** enthält fünf verschiedene Seitenteile mit Laschen und eine ohne Lasche. Für jede Weihnachtskugel werden sechs Seitenteile mit Lasche (unterschiedliche oder gleiche) und sechs ohne Laschen in Weiß benötigt. Lösche die vier Motive mit Lasche, die nicht benötigt werden und dupliziere die beiden verbliebenen Seitenteile, von jedem werden sechs Stück benötigt. Schneide dann die Seitenteile mit Lasche aus dem farbigen Karton und sechs ohne Lasche aus weißem Papier. Klebe je ein weißes Seitenteil hinter ein farbiges Seitenteil.

3 Zum Zusammenstecken der Teile starte mit dem Anhänger mit kreisförmiger Aufhängung oben. Die kleinen senkrechten Nuten zeigen bei dem Teil zur Mitte. Nimm dann den Anhänger mit den vier Nuten. Schiebe die untere Nut in die Nut des ersten Teils, biege dann vorsichtig das Teil und schiebe die oberen Nuten ineinander.

4 Nimm den dritten Anhänger und schiebe erst das untere Teil, dann das obere Teil in die Nut.

5 Nimm einen der beiden Kreise und schiebe ihn von innen nach unten in den Anhänger. Die Nuten des Kreises passen genau in die Nuten des Anhängers.

6 Befestige nach dem Prinzip von Punkt 5 den zweiten Kreis oben in dem Anhänger. Dieser erhält durch die Kreise schon mehr Stabilität.

7 Schiebe nun die Laschen der Seitenteile in die schmalen Schlitze in den Kreisen. Zum Schluss das Bakers Twine in der Aufhängung oben befestigen.

BEUTEL
MIT BÜGELMOTIV

SCHWIERIGKEIT

●○○

MOTIVGRÖSSE
BEUTEL 20 CM X 28 CM
MOTIV 16 CM X 12 CM

MATERIAL

- 2x Oberstoff: 22 cm x 30 cm
- 2x Futterstoff: 22 cm x 30 cm
- 2x Kordelreste für Tunnelzug: 21 cm x 5 cm

- Flexfolie in Schwarz, ca. A5
- Flexfolienrest in Neonpink

DATEI

„Heilige_Drei_Koenige"

GESCHENKBEUTEL NÄHEN

1 Für den Tunnelzug die kurzen Enden der Stoffstreifen zweimal 5 mm zur linken Stoffseite knicken und absteppen. Die Länge beträgt nun ca. 19 cm. Beide Streifen nun der Länge nach links auf links falten und flach bügeln.

2 Ein Element aus Oberstoff mit der rechten Stoffseite nach oben legen. Darauf mittig am oberen Rand einen Schlauch für den Tunnelzug legen, obendrauf den Zuschnitt aus Futterstoff mit der linken Stoffseite nach oben legen. Den oberen Rand durch alle Lagen zusammennähen. Die verbliebenen drei Zuschnitte ebenso zusammennähen.

3 Die Beutelteile so legen, dass der Tunnelzug in der Mitte liegt und Oberstoff sowie Futterstoff rechts auf rechts aufeinanderliegen. Die Seiten- und Bodennähte schließen, dabei eine Wendeöffnung lassen. Beim Nähen darauf achten, dass der Tunnelzug an den beiden Enden nicht mit festgenäht wird. Den Beutel wenden, die Wendeöffnung von Hand schließen und das Futter in die Tasche schieben. Dann einen Kordelrest durch den Tunnelzug fädeln und die Enden zusammenknoten.

BÜGELMOTIV PLOTTEN

1 Öffne die Datei. Mögliche Gruppierungen aufheben und die pinken Wangen zur Seite schieben. Dann das Motiv auf die gewünschte Größe skalieren (oder die Größe so belassen) und spiegeln. Aus schwarzer Flexfolie plotten. Die Drei Könige löschen und die Wangen plotten.

2 Die überstehende Folie der beiden Motivteile lösen. Das Motiv auf die Tasche legen und mit Backpapier abdecken, dann das Motiv gemäß Herstellerangaben aufbügeln. Die Trägerfolie lösen und nach dem gleichen Prinzip die Wangen aufbügeln.

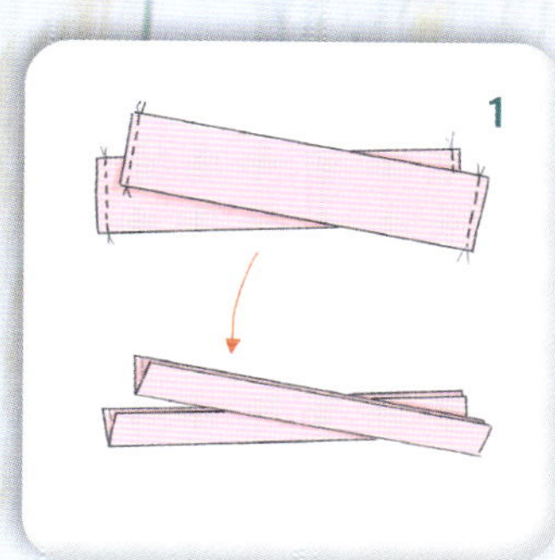
1
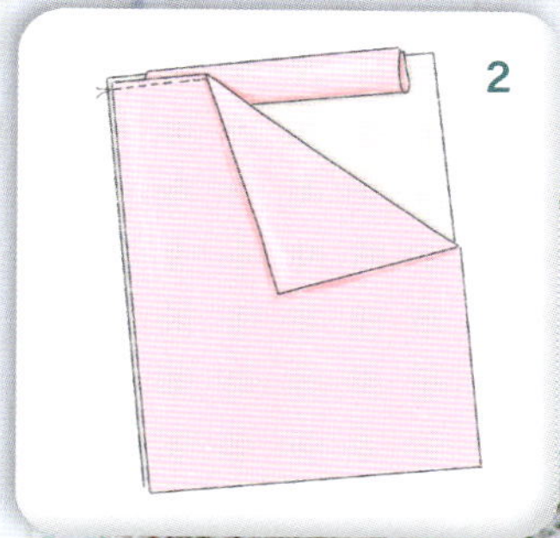
2
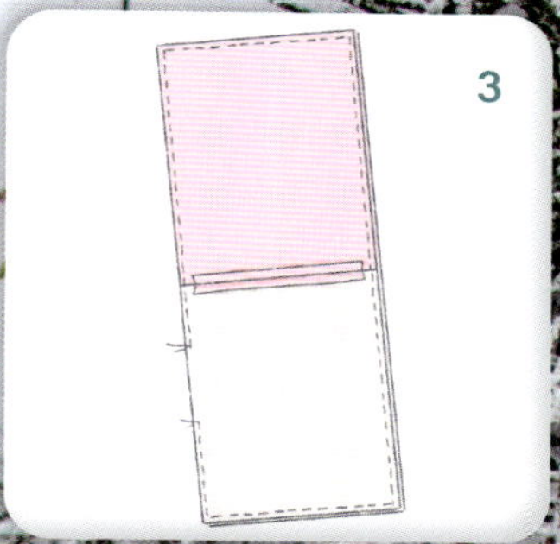
3
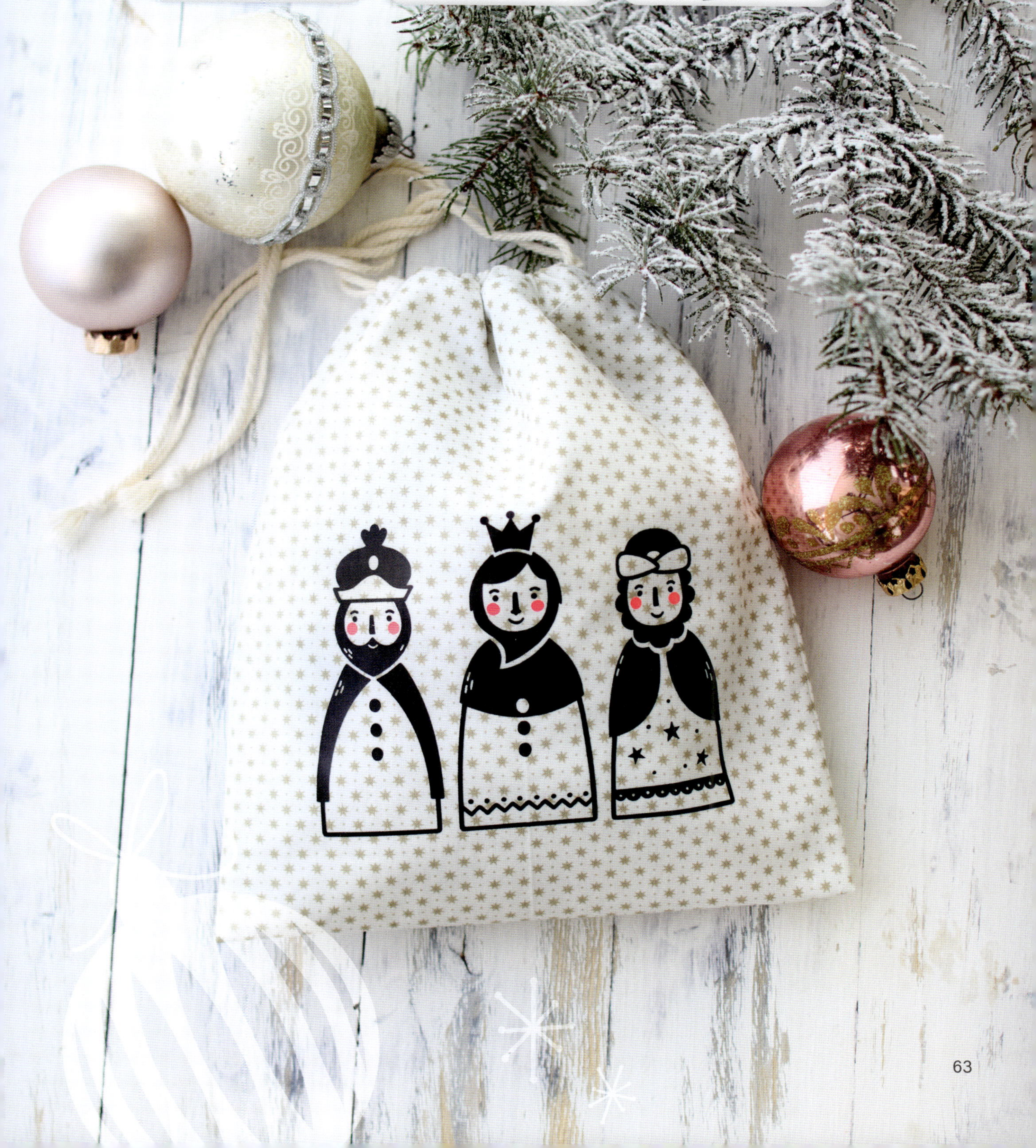

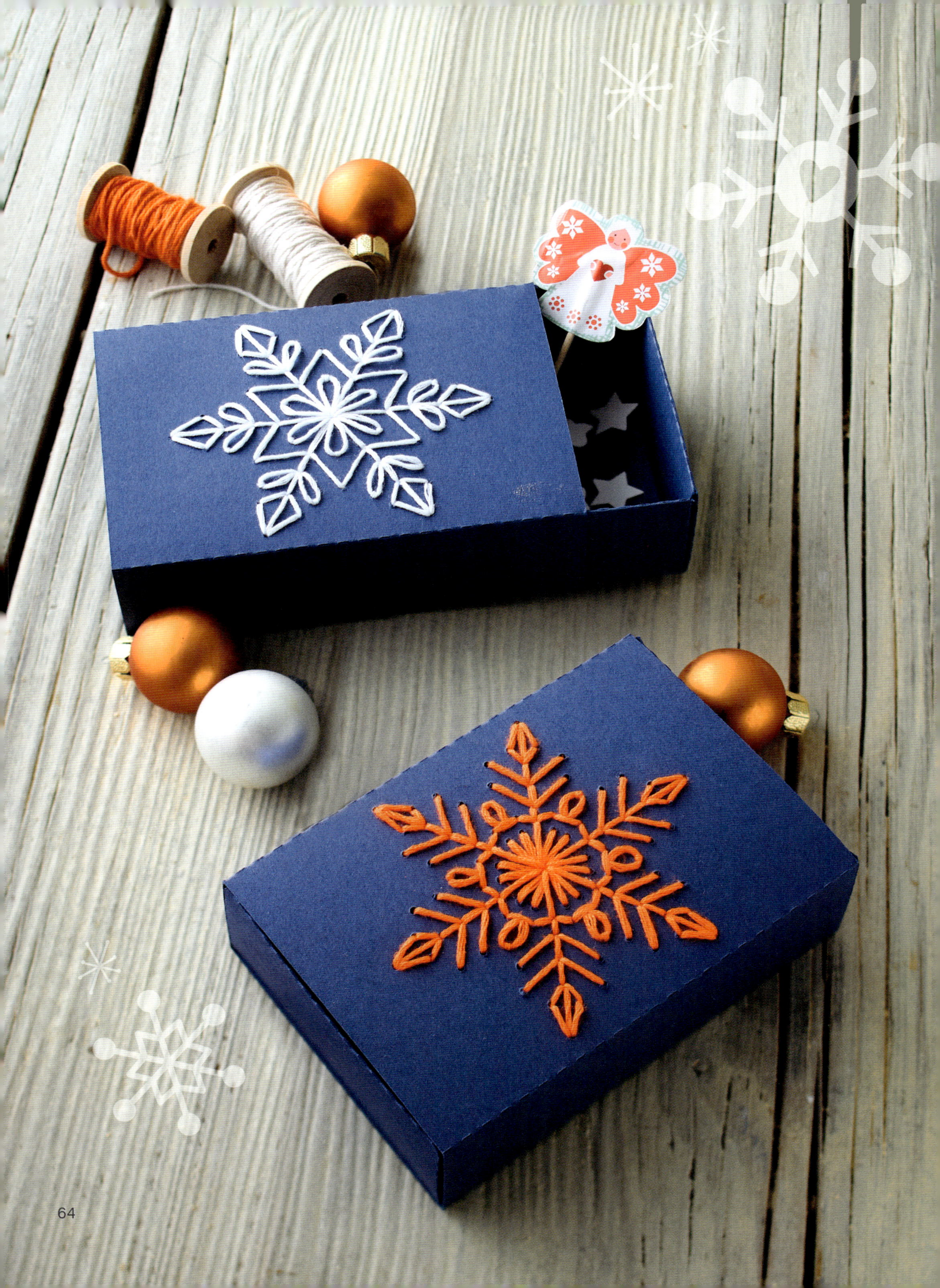

BESTICKTE SCHACHTELN

SCHWIERIGKEIT

●●●

GRÖSSE
8 CM X 11,5 CM X 3 CM

MATERIAL

- 2 Bogen Fotokarton in Blau, A4
- Stickgarn in Orange oder Weiß
- Stopfnadel

DATEIEN
„Schachtel_bestickt"
„Schachtel_bestickt_Schuber"

1 Die Datei für die Schachtel öffnen, mögliche Gruppierungen lösen und die pinken Linien als (gestrichelte) Falzlinie definieren. Dann die Schachtel schneiden lassen. Gemäß der Anleitung zum Schachtel-Allerlei auf Seite 70 die Schachtel zusammenfalten.

2 Die Datei für den Schuber öffnen, auch hier mögliche Gruppierungen lösen und die pinken Linien als (gestrichelte) Falzlinien definieren. Danach eines der Schneeflocken-Motive mittig auf die Fläche mit dem Pfeil schieben. Der kleine Pfeil kann dann gelöscht werden. Das Motiv schneiden lassen. Von der Schneidematte lösen und eventuell hängengebliebene Punkte mit der Nadel rausdrücken.

3 Das Garn auffädeln, dann von hinten durch eines der Löcher stechen und das Fadenende mit einem Rest Klebestreifen befestigen. Dabei darauf achten, dass keine Löcher zugeklebt werden. Dann die Schneeflocke gemäß Zeichnung mit einfachen Steppstichen sticken. Das Garnende wieder mit einem Klebestreifen fixieren. Erst dann den Schuber zusammenkleben und über die Schachtel stülpen.

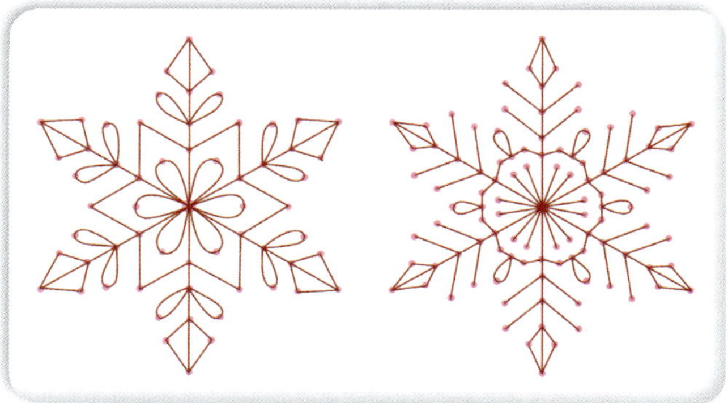

SWEATSHIRT „DALA-PFERD"

SCHWIERIGKEIT

● ○ ○

GRÖSSE
CA. 15 CM X 15 CM

MATERIAL
- Flexfolie in Pink, ca. 20 cm x 20 cm
- Flexfolie in Korallenrot, ca. 20 cm x 20 cm
- Pullover in Dunkelgrün

DATEI
„Dala_Herz"

1 Die Vorlage ist unterteilt in den roten und den pinken Teil. Die Datei öffnen und mögliche Gruppierungen lösen, eventuell alle pinken und alle roten Motive separat gruppieren. Dann die roten Formen von der Arbeitsfläche in der Software schieben und die schwarze Trennlinie löschen. Den pinken Teil spiegeln(!) und aus der pinken Folie plotten. Danach die pinken Teile löschen und den roten Teil auf die Arbeitsfläche schieben, spiegeln(!) und aus roter Folie plotten.

2 Die überstehende Folie der beiden Motivteile lösen. Die pinken Teile auf den Pullover legen und mit Backpapier abdecken. Das Motiv gemäß Herstellerangaben aufbügeln. Die Trägerfolie lösen. Dann nach dem gleichen Prinzip die andere Farbe aufbügeln.

Für einen Kinderpulli sollte das Motiv eine Breite von ca. 12 bis 15 cm haben, für Erwachsene ca. 19 cm. So lässt sich das Motiv auf einem T-Shirt gut erkennen.

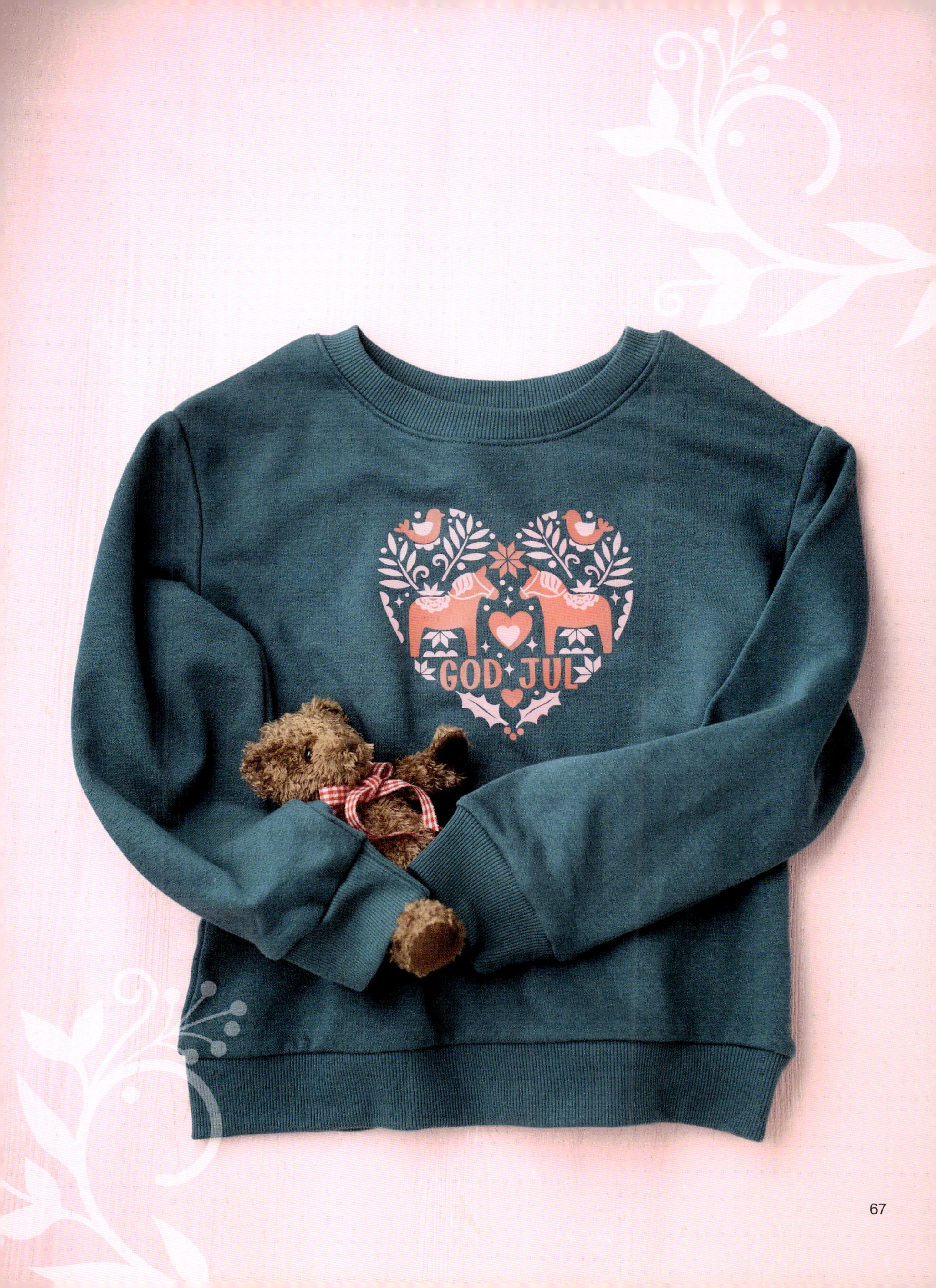
GOD JUL

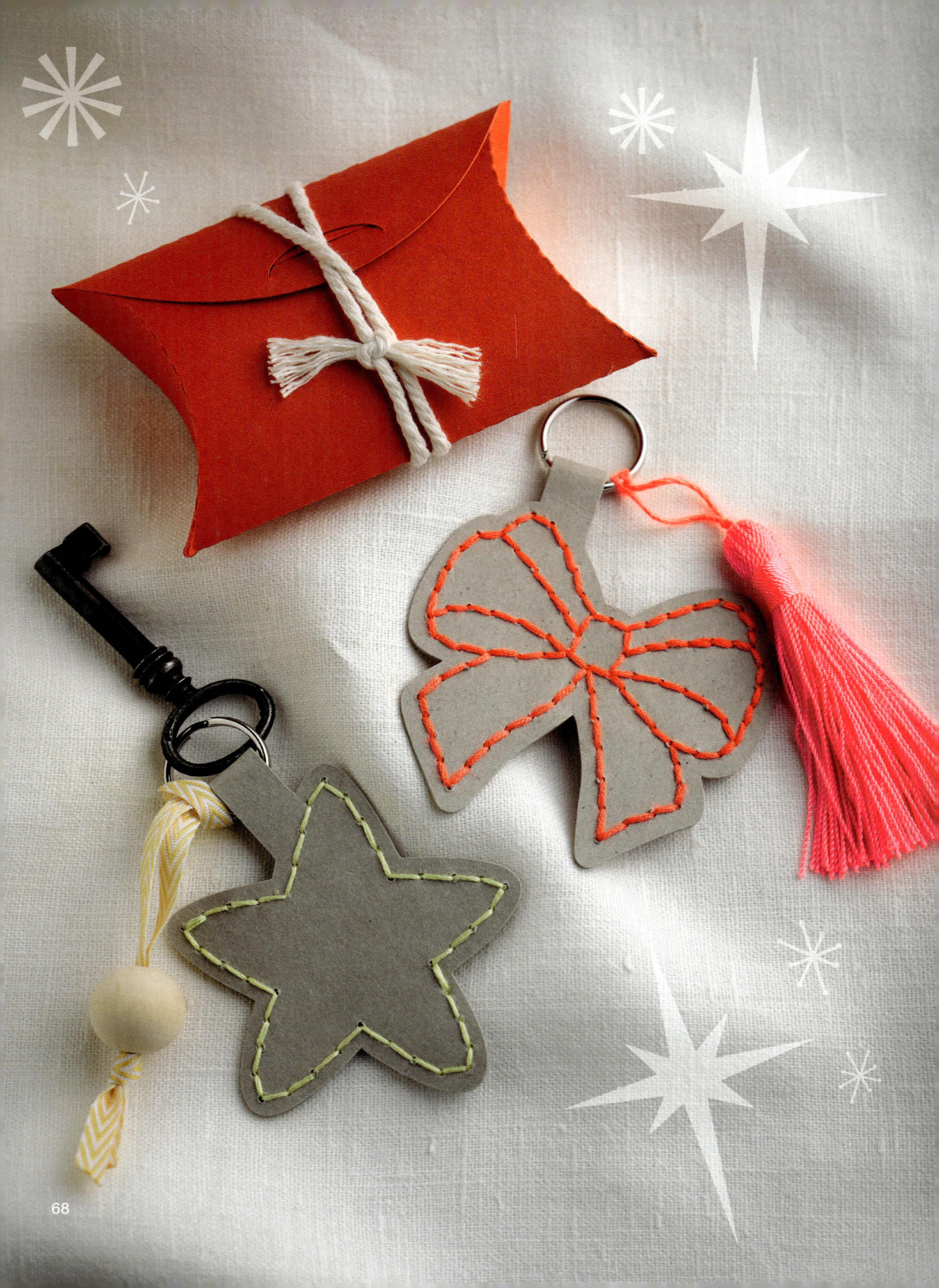

HANDGENÄHTE SCHLÜSSEL-ANHÄNGER

SCHWIERIGKEIT

●●●

**GRÖSSE
CA. 7 CM X 7 CM**

MATERIAL

- Papier in Lederoptik in Grau, ca. 10 cm x 20 cm
- Schlüsselring
- Stickgarn in Pink oder Gelb mit stumpfer Nadel
- Deko zum Anhängen (z.B. Holzkugel, Quaste)

DATEI
„Schlüsselanhänger"

1 Die Datei öffnen, mögliche Gruppierungen lösen und den nicht benötigen Anhänger löschen. Dann den gewünschten Anhänger plotten. Von der Matte lösen.

2 Den Anhänger mittig falzen, dann mit dem Sticken starten. Das Fadenende zwischen den beiden Lagen Papier in Lederoptik mit einem Rest Klebestreifen fixieren. Dann die Punkte mit einfachen Steppstichen gemäß Abbildung verbinden. Zum Überspringen von Löchern den Faden zwischen den Papierlagen hindurchführen. Zum Vernähen den Faden einige Male durch die Papierlagen ziehen.

3 Zum Schluss den Schlüsselring durch die Schlaufe ziehen und die Quaste bzw. die Holzperle am Ring befestigen.

Die Schachtel auf dem Bild ist die perfekte Verpackung für die Schlüsselanhänger. Dateiname: ***Pillow Box.***

Papier in Lederoptik ist zwar sehr stark, lässt sich aber gut plotten. Wichtig ist, dass die Klebefläche noch gut klebt und das Material in mindestens zwei Durchgängen und sehr langsam geplottet wird. Falls die Klebefläche nicht mehr frisch ist, kann man das Papier mit repositionierbarem Sprühkleber einsprühen, kurz trocknen lassen und dann auf die Matte kleben. Zusätzlich können die Ränder mit Klebefilm fixiert werden.

SCHACHTEL-ALLERLEI

SCHWIERIGKEIT

●●○

MATERIAL

- Für die große Schachtel: 2 Bogen Fotokarton in Grün, A4
- Für die kleine Schachtel: Tonzeichenpapier in Grün, A4

DATEIEN

„Schachtel_1" (Unterteil)
„Schachtel_2" (Deckel)

1 Die Datei ***Schachtel_1*** öffnen, mögliche Gruppierungen lösen und die pinken Linien als (gestrichelte) Falzlinien definieren. Dann die Schachtel plotten lassen.

2 Die vorderen und hinteren Laschen gemäß Abbildung zur Mitte klappen und festkleben. Sie sorgen dafür, dass später die beiden seitlichen Laschen dort eingehangen werden können und die Schachtel nicht an zusätzlichen Stellen noch geklebt werden muss.

3 Die Dreiecke nach innen legen, dann die kurzen Seiten gemäß Abbildung über die Dreiecke nach innen klappen. Dabei klappen sich die drei schmalen Laschen um und verhaken sich innen in der Schachtel. Die Seiten halten ohne weiteres Kleben. Die Deckel werden nach dem gleichen Prinzip gebastelt, die Ränder sind dabei kleiner.

> Die Schachteln lassen sich einfach auf Vorrat herstellen, denn sie können flach gelagert und erst bei Bedarf gefaltet werden.

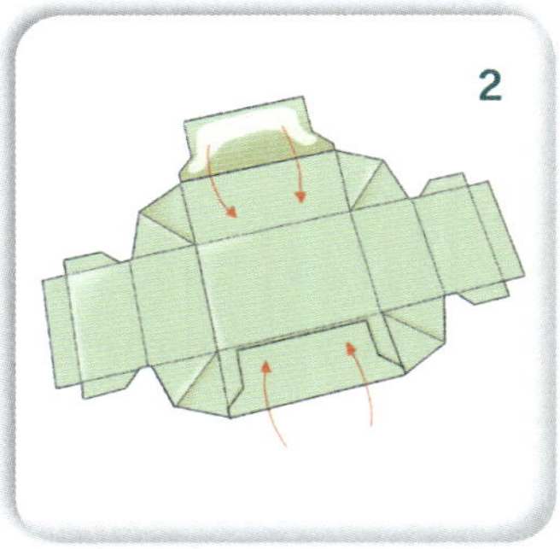

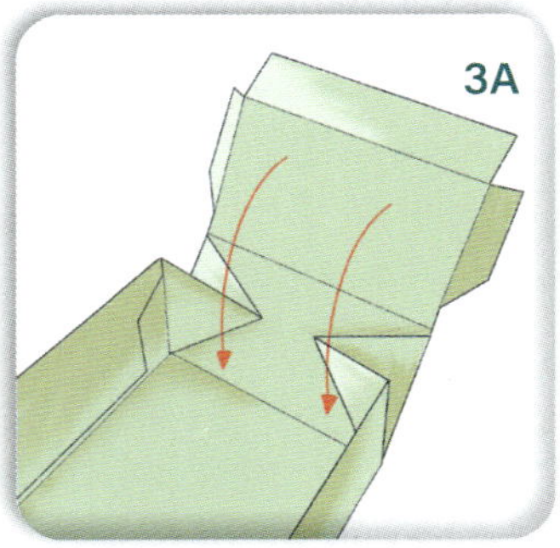

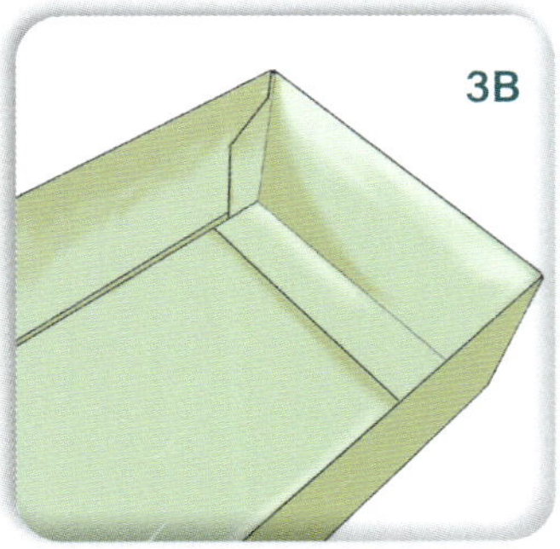

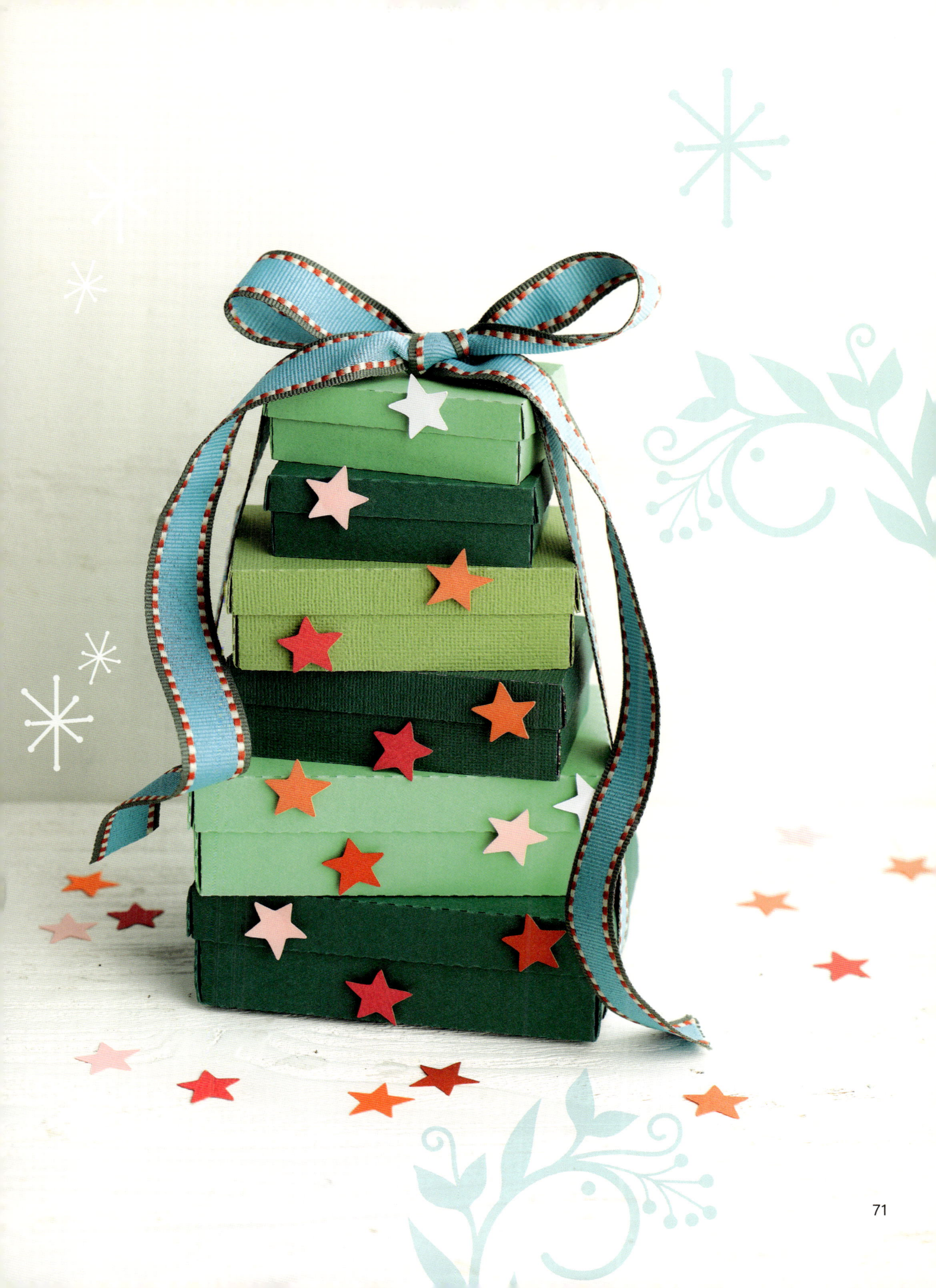

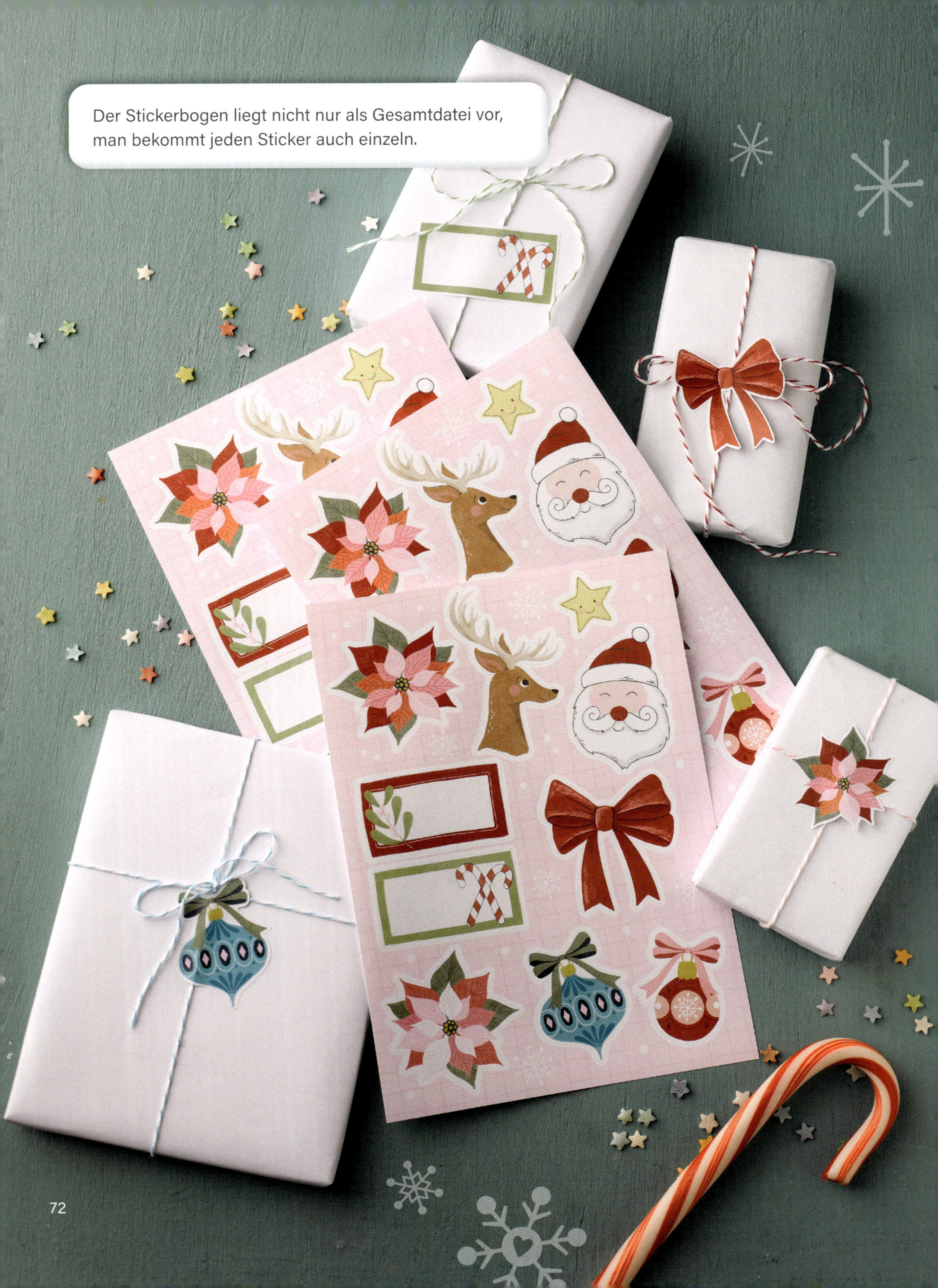

Der Stickerbogen liegt nicht nur als Gesamtdatei vor, man bekommt jeden Sticker auch einzeln.

ZAUBERHAFTE STICKERPARADE

SCHWIERIGKEIT

● ○ ○

GRÖSSE STICKERBOGEN
14,8 CM X 21 CM

MATERIAL
JE STICKERBOGEN

- Stickerpapier, A4
- Drucker

DATEIEN

„Sticker_A5"
„Sticker_A5_Schneidedatei"

Für den Stickerbogen gibt es zwei Dateien: die Druckdatei als jpg und die Schneidelinien, die nach dem Drucken auf die Datei gesetzt werden.

Silhouette

Öffne eine neue Arbeitsfläche mit Passamarken. Setze das Bild mit den Stickern mittig auf die Arbeitsfläche, ggf. die Maße auf 148 mm x 210 mm anpassen. Dann die Schneidedatei öffnen und so auf dem Stickerbogen platzieren, dass die Motive sauber ausgeschnitten werden können. In der Leiste das Druckersymbol wählen und das Motiv inklusive Passamarken drucken. Den Ausdruck auf die Schneidematte legen und die Sticker ausschneiden lassen.

Brother ScanNCut

Das Stickerbild auf ein Blatt in A4 drucken, welche Software man dabei verwendet, ist egal. Klebe den Ausdruck auf deine Schneidematte und wähle die Scan-Funktion. Am Bildschirm kann man nun die Schneidelinien genau auf dem Sticker positionieren und die Sticker plotten lassen. Mit einem neueren Gerät dafür die halbe Schnitttiefe wählen.

Cricut

Lade erst das Bild (ggf. auf 148 mm x 210 mm gebracht), dann die Schneidedatei in Design Space und positioniere sie passgenau aufeinander. Wähle im Menü ***Drucken, dann schneiden*** und als Bildtyp ***Komplex***. Wähle beide Ebenen aus und klicke ***Ebenen*** (rechts unten). Klicke auf ***Herstellen***, dann auf ***Fortfahren***. Mit ***an Drucker senden*** druckt man das Motiv. Wähle in einem weiteren Fenster das Gerät aus und deaktiviere ***Anschnitt hinzufügen***. Mit ***Systemdialog verwenden*** kann man bei Bedarf eine bessere Druckqualität auswählen. Verbinde die Cricut-Maschine und passe die Schneideeinstellung an. Das Stickerpapier auf die Matte kleben und schneiden lassen.

UGLY CHRISTMAS SWEATSHIRT

SCHWIERIGKEIT

●●○

GRÖSSE FLAMINGO CA. 11 CM X 27 CM

MATERIAL

- Flexfolie in Dunkelblau und Silber irisierend, ca. A4
- Flexfolie in Rosa und Dunkelrot, ca. A5
- Flexfolienrest in Hellrot
- Sweatshirt in Hellgrau
- Textilpresse oder stabiles Bügeleisen und fester Untergrund
- Entgitterhaken

DATEIEN

„Flamingo_Santa"
„Schneesterne"

Die Zahlen neben den Motiven geben die Reihenfolge an, in der die Folien aufgebügelt werden. Die erste – und damit unterste – Ebene bildet der rosafarbige Zuschnitt, zuletzt wird die blaue Folie aufgebügelt.

1 Die Datei für den Flamingo öffnen und für den jeweiligen Plotter vorbereiten. Zum Schneiden der rosafarbigen Teile alle anderen Zuschnitte ausblenden oder von der Arbeitsfläche schieben. Die Folie vom Plotter einziehen lassen, dann das Motiv gespiegelt (!) zuschneiden lassen.

2 Alle anderen Teile nach dem gleichen Prinzip zuschneiden. Dabei die Punkte für die Schneesterne ebenfalls öffnen und je nach Farbwunsch – zusammen mit den Teilen für den Flamingo – schneiden lassen. Zusätzlich mehrere Schneesterne aus der glitzernden Folie schneiden lassen.

3 Alle Motive entgittern und den Flamingo zum Test stapeln. Das gestapelte Motiv auf dem Sweatshirt platzieren, dann alle Folienschichten bis auf den rosafarbigen Körper entfernen. Zusätzlich einige Schneesterne um den Flamingo verteilen. Die Folie gemäß Herstellerangaben kurz aufbügeln, dann die Trägerfolie entfernen. Nach und nach die verschiedenen Ebenen des Flamingos aufbügeln. Erst wenn alle Folien aufgebügelt sind, alles noch mal mit viel Druck fixieren.

Da die Folien gestapelt werden, eignet sich das Motiv nicht für Flockfolien. Lediglich als oberste Schicht könnte eine Flockfolie verwendet werden.

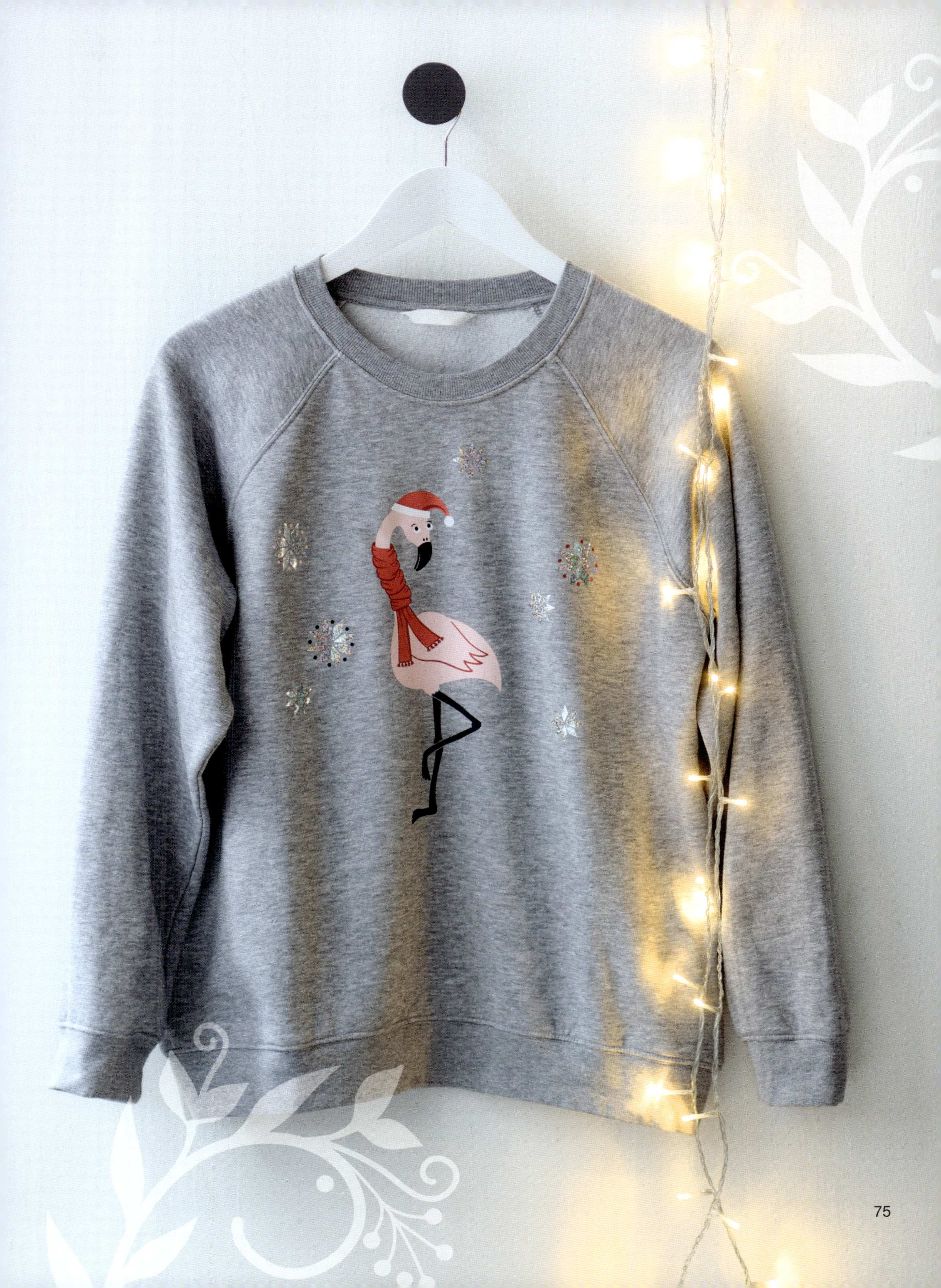

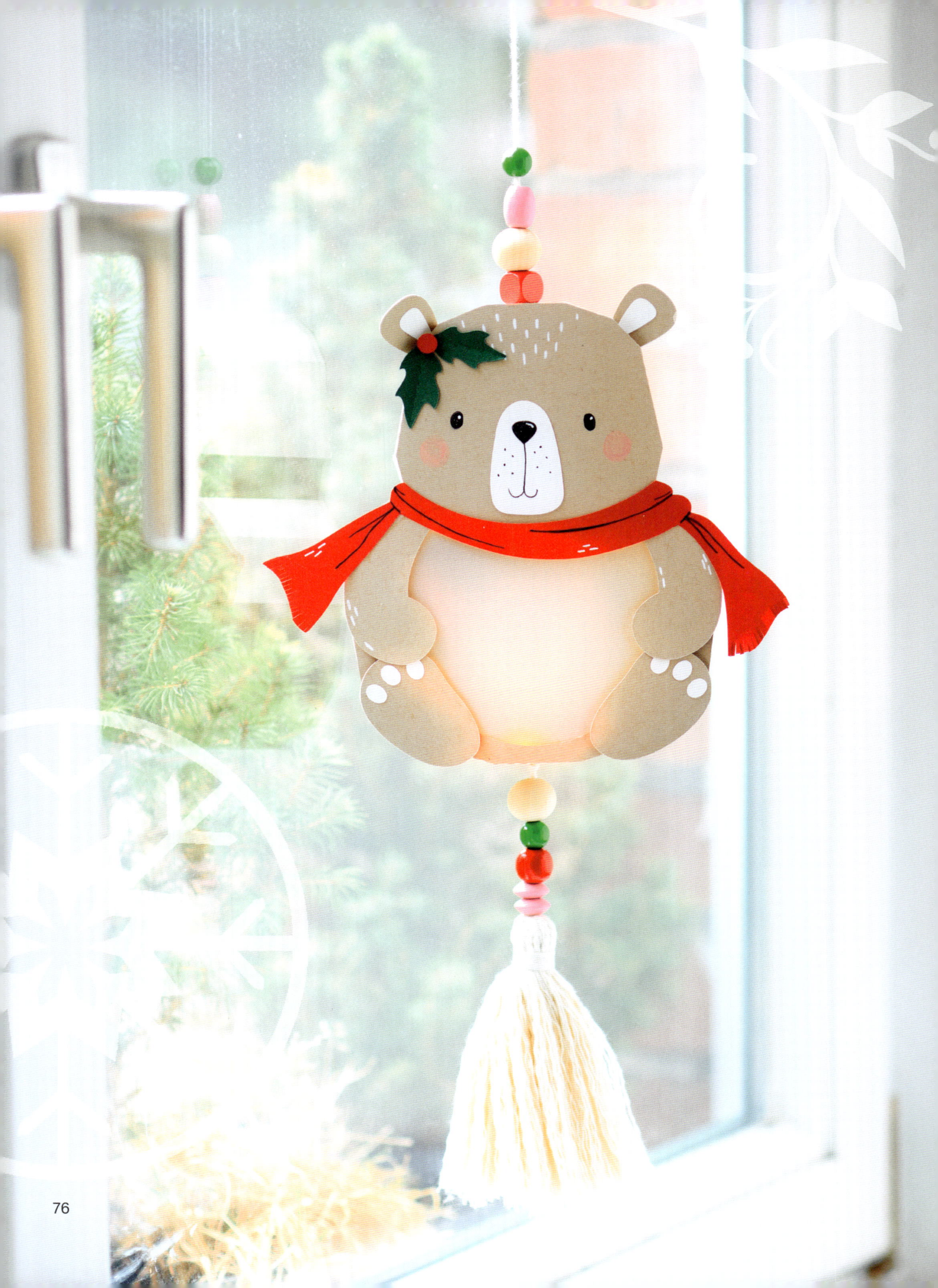

BELEUCHTETER PAPIER-TEDDY

SCHWIERIGKEIT

●●○

GRÖSSE
14 CM X 18,5 CM X 6 CM

MATERIAL

- 4 Bogen Bastelkarton in Graubraun, ca. 220 g/m², A4
- Bastelkarton in Rot, A4
- Transparentpapier, A4
- Tonzeichenpapierreste in Crème und Dunkelgrün
- LED-Lichterketten
- Spiegelkartonrest (alternativ Innenseite von Schaumkuss-Boxen)
- Holzperlen in Rot, Rosa, Grün und Natur
- Dünnes Makrameegarn mit Quaste
- Acrylstifte in Schwarz und Weiß
- Buntstift in Rot
- 2 Streichhölzer

DATEIEN

„Teddylampe_1"
„Teddylampe_Kopf"
„Teddylampe_Body"

1 Die Datei ***Teddylampe_1*** öffnen, mögliche Gruppierungen lösen. Die verschiedenen Farben sind mit geraden Linien unterteilt, diese werden einfach gelöscht. Alle Motive im oberen Bereich von der Arbeitsfläche schieben bzw. löschen, dann den Körper, Füße, Arme und Ohren aus dem graubraunen Bastelkarton schneiden lassen. Für die Rückseite des Teddys alle Teile außer der äußeren Linie des Körpers löschen und diesen nochmals plotten lassen.

2 Den Schal und den kleinen runden Kreis auf die Arbeitsfläche ziehen und aus rotem Bastelkarton schneiden lassen. Danach Schnauze, Innenohren und Zehenballen aus dem crèmefarbigen Tonzeichenpapier plotten. Zum Schluss die Ilexblätter auf die Arbeitsfläche ziehen, die pinken Linien als (gestrichelte) Falzlinien definieren, dann aus grünem Tonzeichenpapier plotten.

3 Nacheinander die beiden Dateien ***Teddylampe_Kopf*** und ***Teddylampe_Body*** öffnen, die pinken Linien als (gestrichelte) Falzlinien definieren und schneiden lassen. Für den Body das kürzere Teil an das längere Teil kleben, sodass der Abschnitt mit dem Loch die Mitte bildet.

4 Aus Transparentpapier und dem Spiegelkarton zwei Ovale ausschneiden, die etwas größer sind als die Aussparung am Bauch des Bären. Das Transparentpapier von hinten gegen die Vorderseite des Teddys kleben, den Spiegelkarton auf eine Seite der Teddy-Rückseite kleben.

FORTSETZUNG AUF SEITE 78

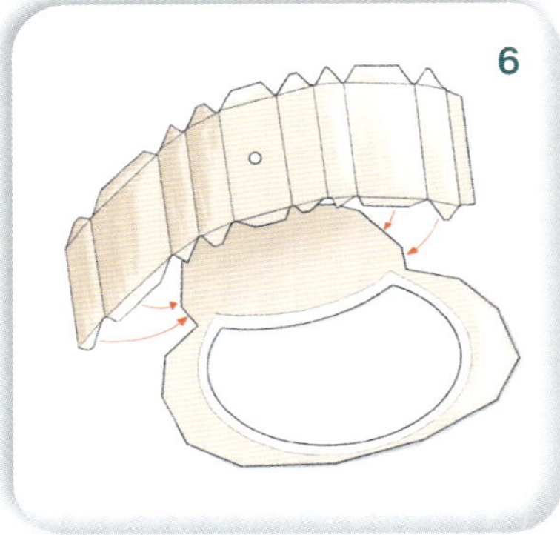

5 Den Ilex an der Falzlinie knicken und die Zehenballen auf die Füße kleben. Dann Arme, Beine, Ilex, Beere und Schal auf die Vorderseite der Lampe kleben, mit den Acrylstiften das Gesicht aufmalen und etwas Fell andeuten. Mit dem Buntstift die Wangen leicht rot malen.

6 Die Vorderseite des Teddys mit der Innenseite nach oben auf den Tisch legen, dann die Umrandung für den Kopf an die Vorderseite kleben. Der Abschnitt mit dem Loch liegt dabei in der Mitte und bildet später die Aufhängung.

7 Dann nach dem gleichen Prinzip den Körper der Teddylampe ankleben. Auch hier bildet das Teil mit dem Loch die Mitte und dient später zur Befestigung einer Quaste. Die Lichterkette in die Lampe legen, das Ende nach draußen führen. Dann die Rückseite der Teddylampe ankleben, die in Punkt 4 aufgeklebte Spiegelfolie zeigt zur Innenseite des Teddys. Nach dem Trocknen der Rückseite die Ohrenzuschnitte aufeinander kleben, dann an die Teddylampe kleben.

8 Vom Garn ein ca. 60 cm langes Stück abschneiden, die Enden an das Streichholz knoten und dieses durch das obere Loch in die Lampe schieben. Dann einige Holzperlen auffädeln. Nach dem gleichen Prinzip am unteren Ende der Lampe die Quaste und ebenfalls mehrere Holzperlen befestigen.

Der Spiegelkarton sorgt dafür, dass das Licht der Lichterkette etwas besser reflektiert wird und die Lampe heller leuchtet. Zum Kleben von Transparentpapier eignen sich kleine Kleberoller, die es in den Fotoabteilungen vieler Drogeriemärkte gibt.

Wer den Teddy nicht aufhängen, sondern lieber hinstellen möchte, kann die beiden kleinen Kreise bei der Umrandung löschen, muss dann aber genau aufpassen, wo welches Teil später angeklebt wird.

GESCHENK-SCHACHTEL „DALA-PFERD"

SCHWIERIGKEIT

●●○

GRÖSSE

18 CM X 18 CM X 6 CM

MATERIAL

- 5 Bogen Fotokarton in Rot, A4
- Tonzeichenpapierrest in Weiß
- Fotokarton

DATEIEN

„Dala_Schachtel_Boden"
„Dala_Schachtel_Rand"
„Dala_Schachtel_Deckel"
„Dala_Schachtel_Deckelrand"
„Dala_Schachtel_Einleger"
„Dala_Schachtel_Muster"

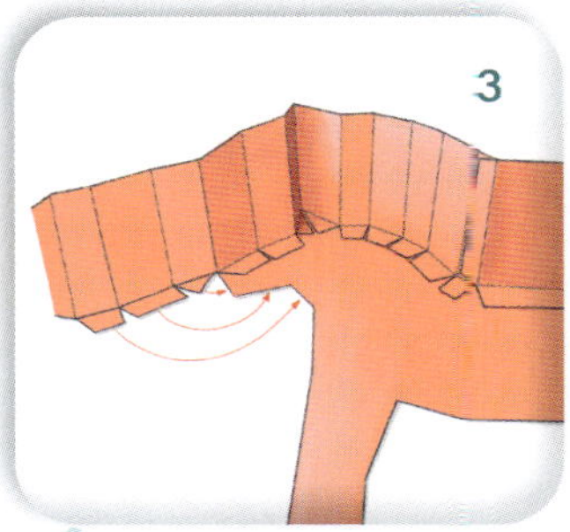

3

Hinweis: Das Pferd besteht aus einer Menge Einzelteile. Am einfachsten ist es, wenn man sich genau an die Anleitung hält und die Teile erst plotten lässt, wenn sie benötigt werden.

1 Zunächst wird der Bodenteil der Schachtel gebastelt: Dafür die Datei ***Dala_Schachtel_Boden*** öffnen. Die Pfeile und Zahlen geben an, in welchem Bereich welches Teil des Randes aufgeklebt wird. Man kann sie zum Plotten löschen und gegebenenfalls die genaue Position in der PDF-Datei nachlesen. Das Pferd schneiden lassen und von der Matte lösen.

2 Die Datei ***Dala_Schachtel_Rand*** öffnen. Auch dort sind die Nummern angegeben und können erneut gelöscht werden. Mögliche Gruppierungen lösen und die pinken Linien in (gestrichelte) Falzlinien umwandeln. Dann die drei Teile des Randes schneiden lassen. Bevor man die Teile von der Matte löst, kann man auf das jeweils letzte Element rechts die Nummern 1 bis 3 schreiben. Dann die Streifen lösen und die unteren schmalen Klebelaschen nach hinten (!) falzen.

3 Zum Zusammenkleben zunächst das Bodenteil so vor sich hinlegen, dass das Pferd nach links (!) schaut. Nun die Ränder an die entsprechenden Bereiche des Schachtelbodens kleben. Streifen 1 wird zwischen die Pfeile mit der Randnummer 1 geklebt, Streifen 2 zu Randnummer 2 und 3 zu 3. Zwischendurch alles gut trocknen lassen, dann verrutscht beim weiteren Arbeiten nichts.

FORTSETZUNG AUF SEITE 80

4 Nun wird der Deckel der Schachtel gebastelt: Zunächst die Datei ***Dala_Schachtel_Muster*** öffnen und aus dem weißen Papier schneiden lassen. Danach die Datei ***Dala_Schachtel_Deckel*** öffnen. Auch hier zeigen Nummern – wie beim Bodenteil – den passenden Bereich für den Rand des Deckels an. Den Deckel plotten lassen und ihn danach so auf den Tisch legen, dass der Kopf nach links zeigt. Klebe das weiße Muster auf die Oberseite des Deckels.

5 Danach die Datei ***Dala_Schachtel_Deckelrand*** öffnen, mögliche Gruppierungen lösen und die pinken Linien als (gestrichelte) Falzlinien definieren. Dann die drei Teile des Deckelrands plotten. Die Nummern können wieder auf die seitliche Klebelasche geschrieben werden. Die Klebelasche nach und nach lösen und die unteren schmalen Klebelaschen nach hinten (!) falzen. Den Deckel der Schachtel so vor sich hinlegen, dass das Pferd nach rechts schaut und das weiße Muster zum Tisch. Dann die drei Teile des Randes an den Deckel kleben und alles gut trocknen lassen.

6 Während der Deckel trocknet, kann man die beiden Einleger zuschneiden, die später in Boden und Deckel geklebt werden und die Klebelaschen verdecken. Dafür die Datei ***Dala_Schachtel_Einleger*** öffnen und die beiden Zuschnitte aus rotem Karton schneiden lassen. Diese dann in die Schachtel bzw. in den Deckel kleben.

Eventuell passen die Einleger nicht exakt in die Teile der Schachtel. Das kann passieren, wenn man die Ränder nicht ganz exakt angeklebt hat. In diesem Fall einfach die störenden Teile des Einlegers abschneiden.

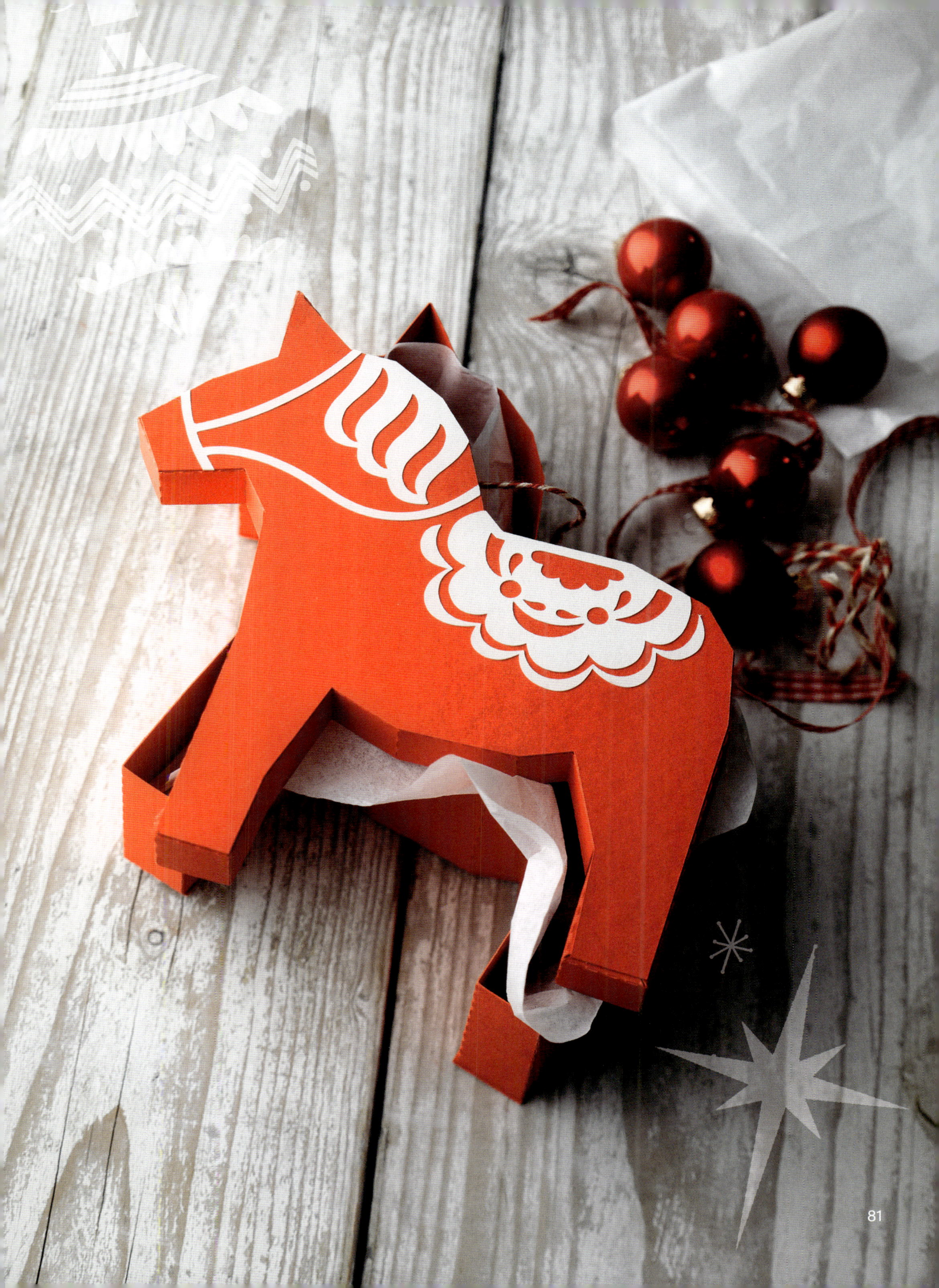

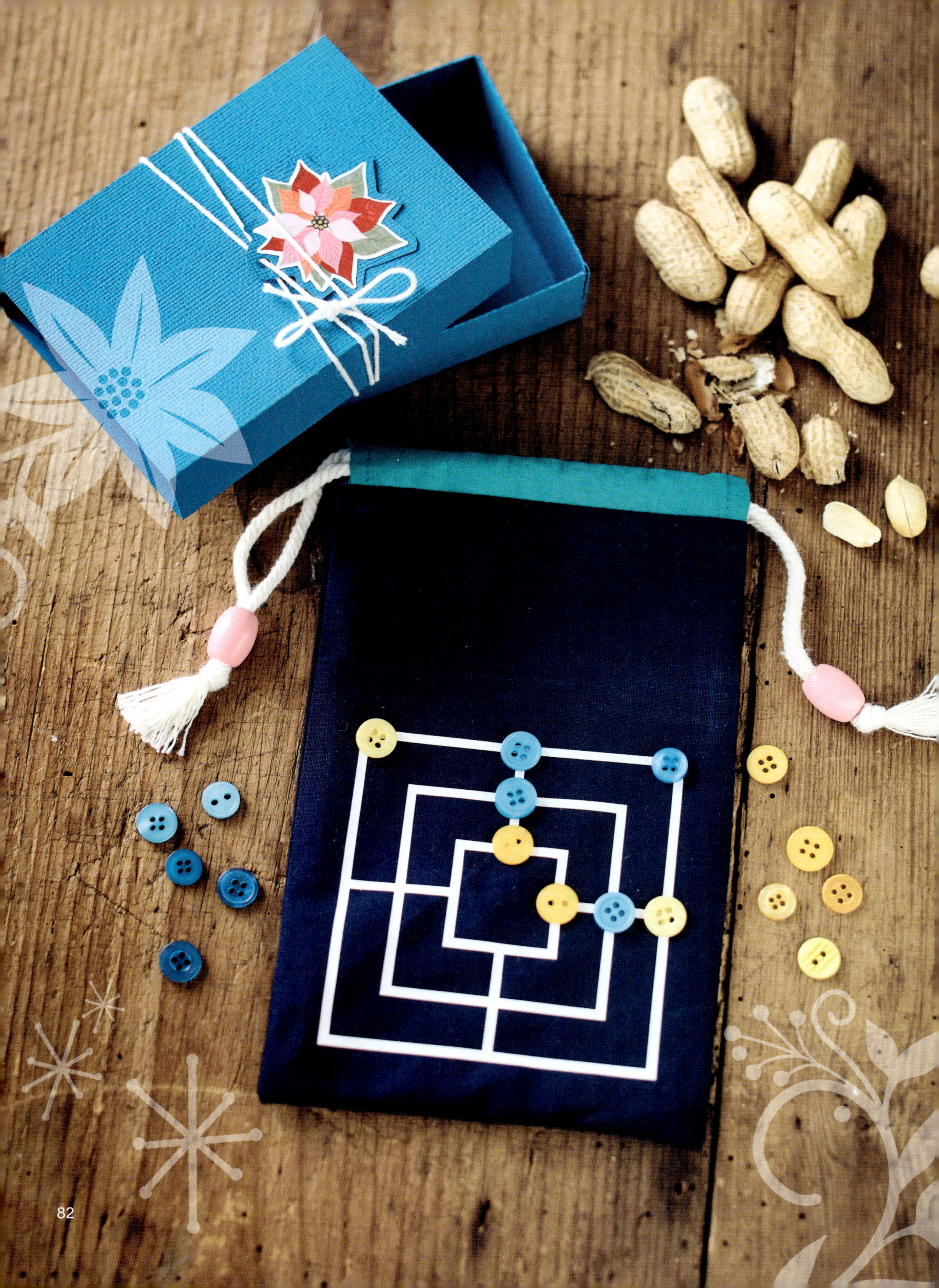

BEKLEBTER SPIELEBEUTEL

SCHWIERIGKEIT

● ○ ○

GRÖSSE BEUTEL
11 CM X 15 CM

MATERIAL

- Flexfolie in Weiß
- 18 Knöpfe in zwei verschiedenen Farben, Ø ca. 12 mm
- Beutel in Dunkelblau, 11 cm x 15 cm

DATEIEN

„Brettspiele"
„Brettspiele_2"
„Brettspiele_3"

1 Die Datei öffnen und zum Beispiel die beiden Spielfelder ***Mühle*** und ***Tic-Tac-Toe*** schneiden lassen. Die überstehende Folie entfernen und die Motive nach Herstellerangaben auf Vorder- und Rückseite des Beutels bügeln. Dann die Knöpfe in den Beutel geben.

Der Name der Datei für die Schachtel oben im Bild findet sich auf Seite 64, der Aufkleber mit dem Weihnachtsstern bei den Stickern auf Seite 72. Der Beutel kann nach der Anleitung von Seite 62 selbst genäht werden.

Bei den Dateien befinden sich noch zwei weitere Vorlagen für bekannte Brettspiele. Sie sollten mind. 20 cm x 20 cm groß sein. Man kann sie z.B. auf eine Serviette bügeln, die Anzahl der Spielsteine – also Knöpfe – erhöhen und alles in den Beutel geben.

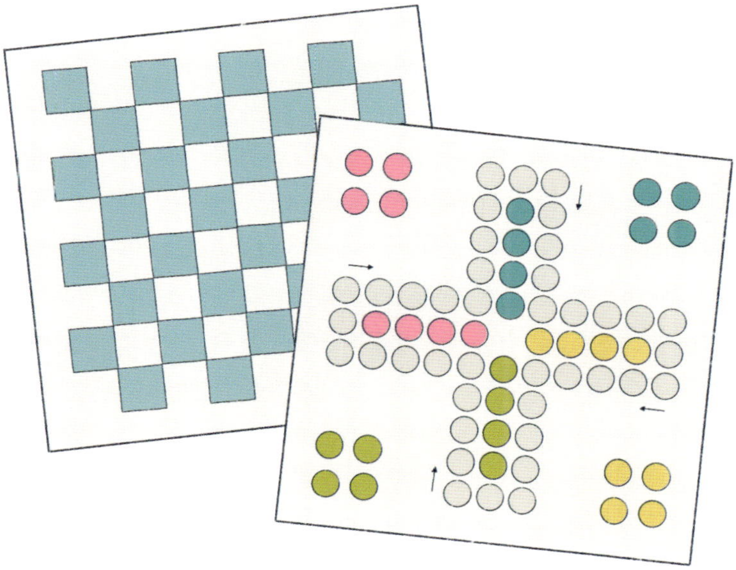

GESCHENK-SCHACHTELN „SANTA & DIE RENTIERE"

SCHWIERIGKEIT

●●○

GRÖSSE
8 CM X 10 CM X 5 CM

MATERIAL JE SCHACHTEL

- gemusterter Bastelkarton in Rot, Braun oder Grau, A4
- Rentier: Tonzeichenpapierreste in Beige, Dunkelbraun, Creme, Rot, Rosa, Grün
- Santa: Tonzeichenpapierreste in Rot, Weiß, Lachs, Braun und Beige
- Dekobandreste in Rosa, Braun oder Grau
- Fineliner in Schwarz
- Buntstift in Rot

DATEIEN

„Milchbox"
„Milchbox_Rentier"
„Milchbox_Santa"

1 Die Datei ***Milchbox*** öffnen, mögliche Gruppierungen lösen und die pinken Linien als (gestrichelte) Falzlinien definieren. Dann die Schachtel plotten lassen. Alle Falzlinien knicken, dann zu einer viereckigen Schachtel falzen und am Klebestreifen zusammenkleben.

2 Für die Rentiere als nächstes die Datei ***Milchbox_Rentier*** öffnen. Die einzelnen Farben sind durch Linien getrennt. Mögliche Gruppierungen lösen, die Trennlinien löschen, dann nacheinander die verschiedenen Elemente gemäß Foto aus den verschiedenen Kartonfarben plotten. Der Zuschnitt mit dem Geweih bildet die unterste Ebene, darauf werden das Fell, die hellen Teile des Gesichts etc. geklebt. Das Gesicht mit Fineliner und Buntstift aufmalen. Dann das Rentier auf die Vorderseite der Schachtel kleben.

3 Für Santa die Datei ***Milchbox_Santa*** öffnen. Mögliche Gruppierungen lösen und nacheinander die verschiedenen Elemente gemäß Foto aus den unterschiedlichen Kartonfarben plotten. Der lachsfarbige Karton für das Gesicht bildet die Grundebene. Darauf werden Bart, Mützenteile und Nase geklebt. Den Gürtel durch die Schnalle fädeln und dann Gesicht und Gürtel auf die Schachtel kleben.

4 Zum Aufstellen der Schachtel zunächst die U-förmige Lasche zur Mitte falten, dann die beiden seitlichen Laschen. Zum Schluss die vierte Lasche zur Mitte falten und unter die erste Lasche schieben. Oben wird die Schachtel mit einem Stück Dekoband verschlossen.

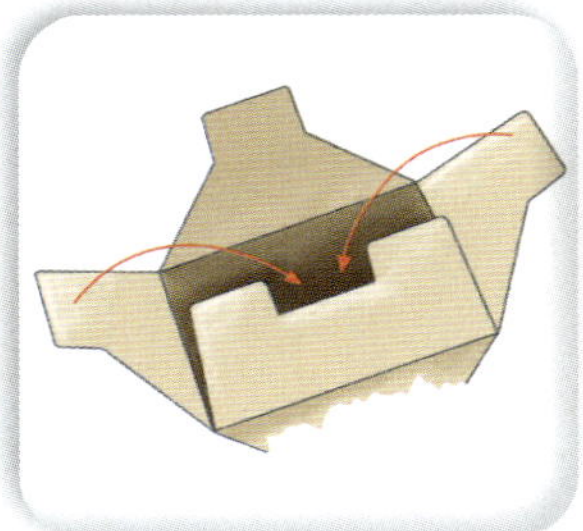

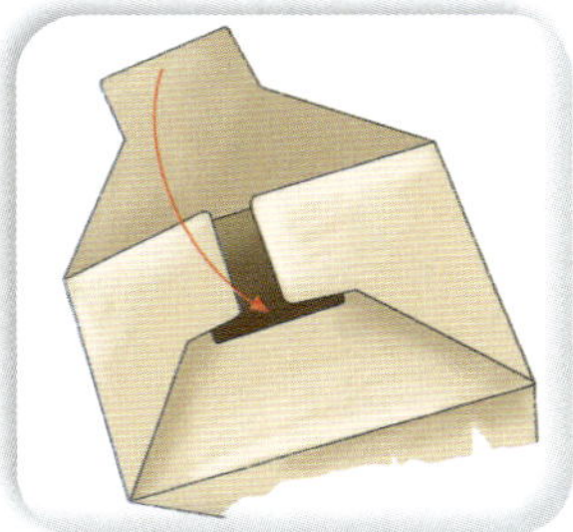

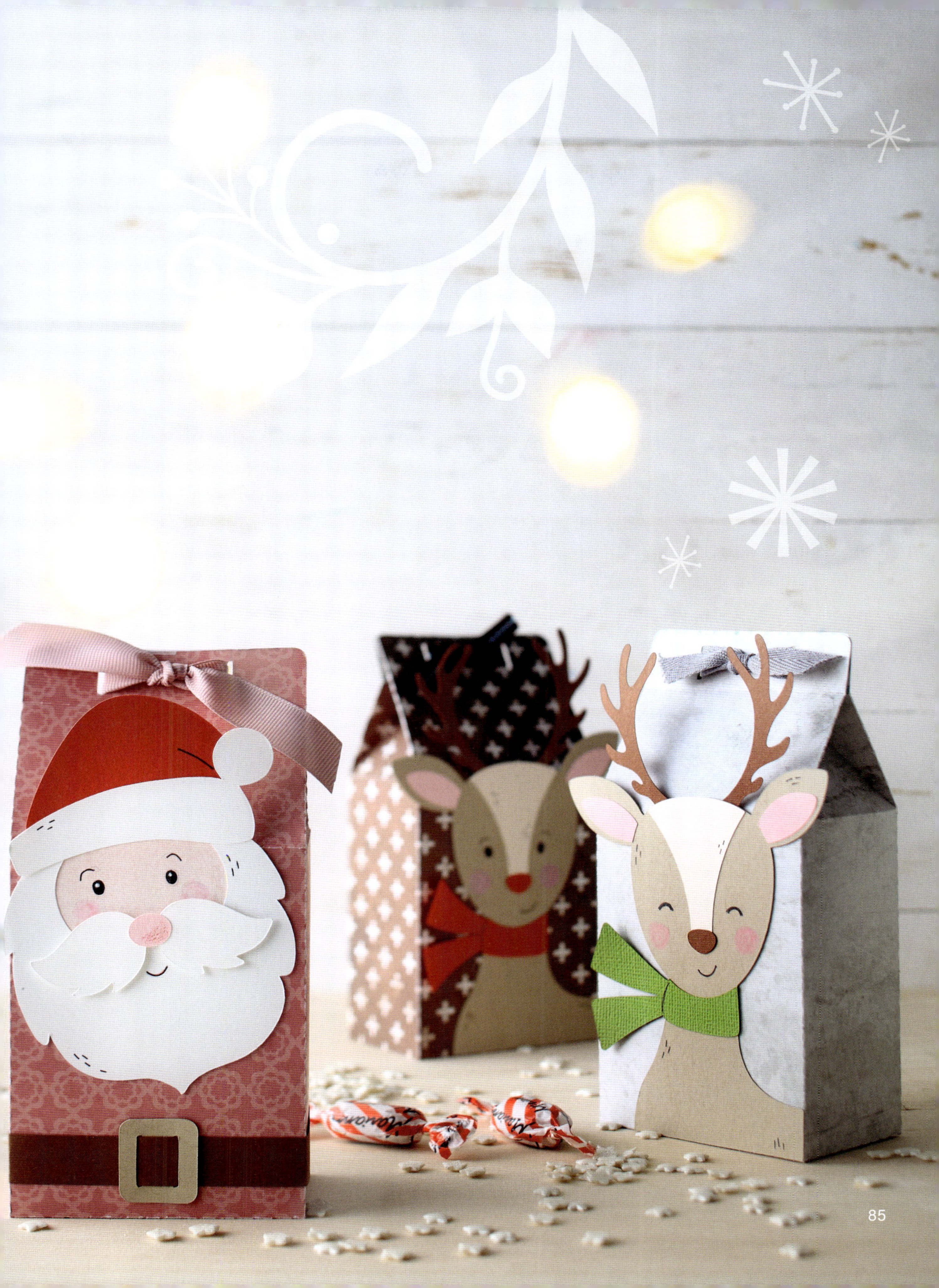

BEDRUCKTE GESCHENK-BÄNDER

SCHWIERIGKEIT
●●○

GRÖSSE
1,5 CM HOCH

MATERIAL
JE DEKOBAND
- Baumwoll-Geschenkband in Weinrot, Grün oder Ocker, 200 cm x 2 cm
- Flexfolie in Creme, Grün oder Rosa, 30 cm x 30 cm

DATEI
„Dekobaender"

1 Die Datei öffnen und mögliche Gruppierungen lösen. Alle Motivreihen löschen, die nicht benötigt werden. Deine Auswahl gruppieren und duplizieren, bis die gesamte Seite gefüllt ist. Die Motive spiegeln (!) und die Seite dann plotten. Die überstehende Folie abschneiden und die einzelnen Motivgruppen auseinanderschneiden. Auf dem Dekoband anordnen und aufbügeln.

2 Für das personalisierte Band einfach den gewünschten Text schreiben (Schrift: Jack and Zoe) und spiegeln. Dann – wie bei Nr. 1 beschrieben – plotten, entgittern, auseinanderschneiden und aufbügeln.

Zum Aufbügeln eignen sich Baumwollbänder am besten. Bei Synthetikbändern benötigt man spezielle Flexfolie, die weniger heiß aufgebügelt werden kann. Falls man keine schönen Bänder findet, kann man irgendeinen Baumwollstoff in Streifen schneiden und die Ränder ausfransen lassen. Das gibt einen natürlichen Look.

Gezeigt sind hier drei Motive und ein personalisiertes Band. Die Datei beinhaltet zwei weitere Motivreihen.

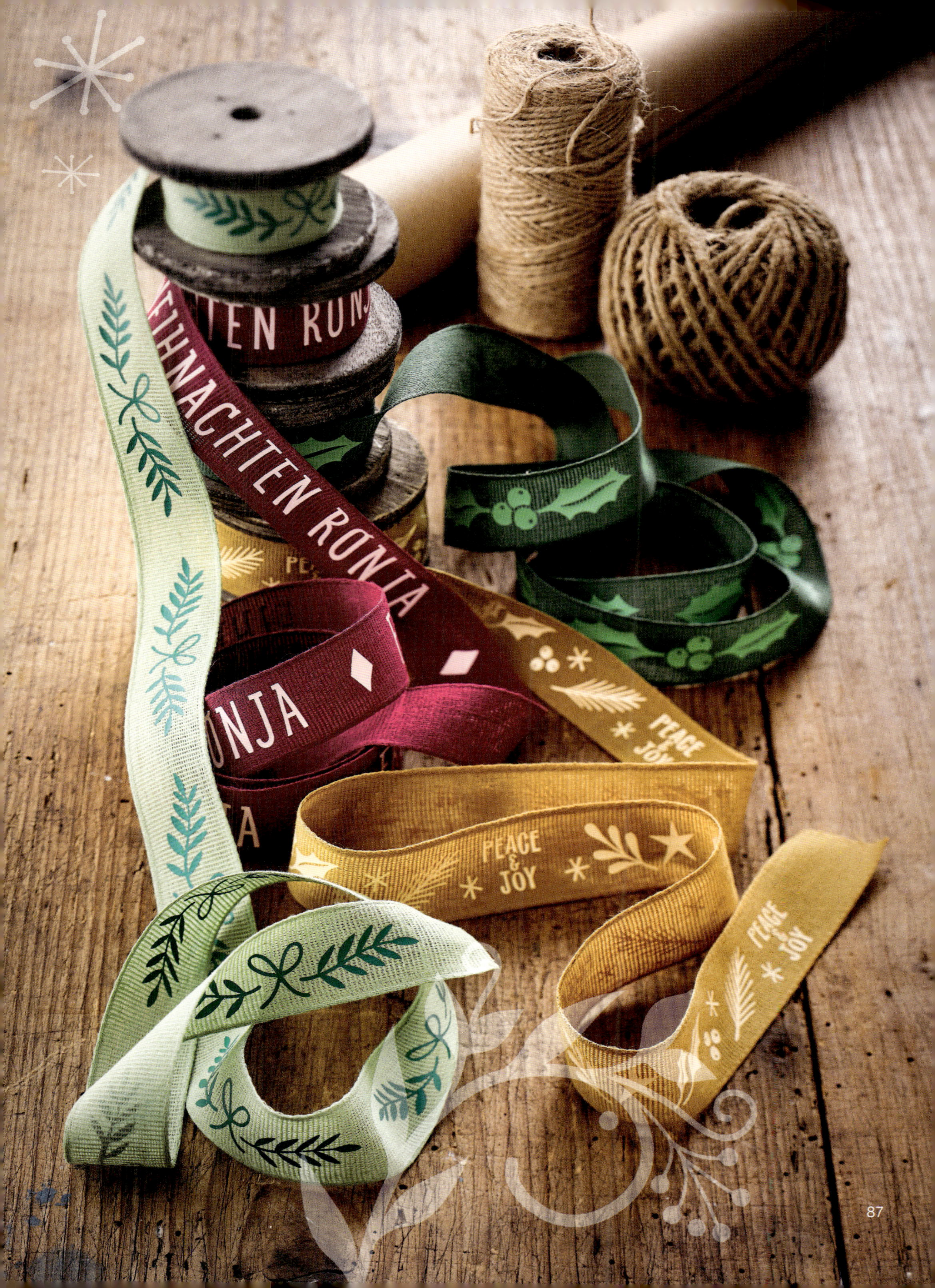
TEN RONJ
NACHTEN RONJA
ONJA
PEACE & JOY
PEACE & JOY

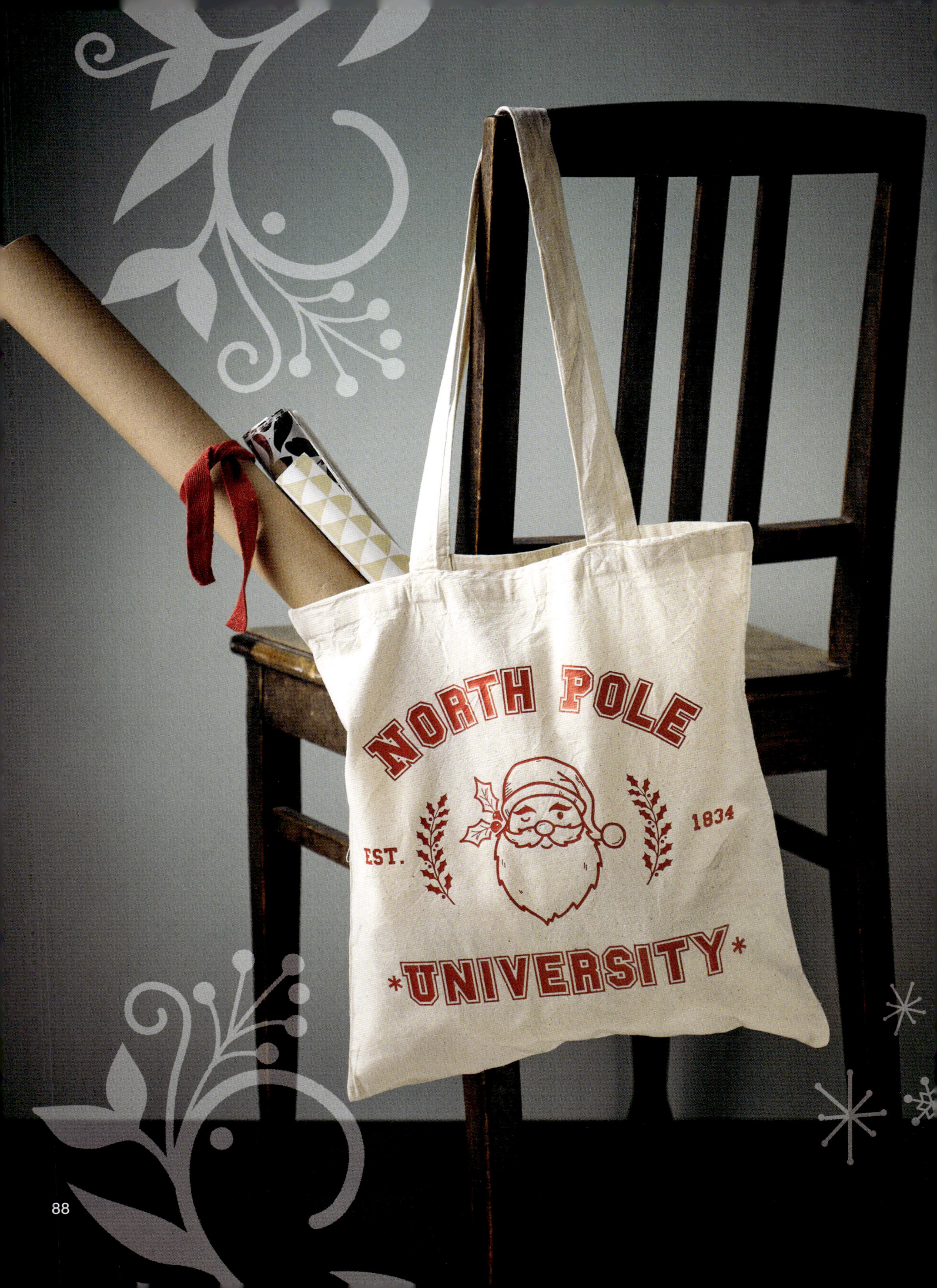
NORTH POLE
EST.
1834
UNIVERSITY

TASCHE
MIT BÜGELMOTIV

SCHWIERIGKEIT

● ○ ○

GRÖSSE
CA. 29 CM X 25 CM

MATERIAL

- Einkaufstasche in Weiß
- Flexfolie in Rot

DATEI

„North_Pole_University"

1 Die Datei öffnen und gegebenenfalls die Größe anpassen. Dann das Motiv spiegeln (!) und plotten. Die überstehende Folie entfernen und mit der Textilpresse oder dem Bügeleisen das Motiv aufbügeln. Die Jahreszahl der Universitätsgründung ist fiktiv. Man kann gerne eine eigene Jahreszahl eingeben. Die Schrift ist die kostenlose „College".

Unter dem Dateinamen ***North_Pole_University_2*** findet man eine weitere Vorlage. Für einen weiteren Einkaufsbeutel, für einen dicken Pulli oder – wie hier illustriert – für ein Geschirrtuch (aber Achtung, das Bügelmotiv ist nicht waschbar!).

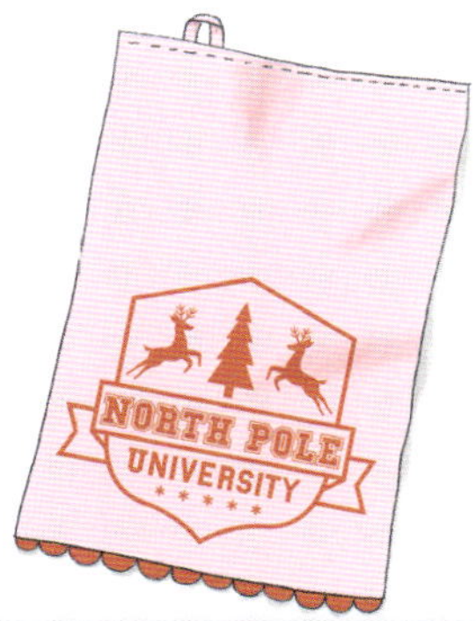

BÜGELMOTIVE „NUSSKNACKER" & „MÄUSEKÖNIG"

SCHWIERIGKEIT

● ○ ○

GRÖSSE
CA. 9 CM X 25 CM

MATERIAL

- Flexfolie in Dunkelblau, Rot, Graubraun, Pink, Hautfarben und Gelb

DATEIEN

„Nussknacker_1"
„Nussknacker_2"
„Nussknacker_Maus"
„Nussknacker_Linework"

1 Die Datei für das gewünschte Motiv öffnen und mögliche Gruppierungen lösen. Die Farbangaben stehen bei den jeweiligen Flächen, unterteilt von Linien. Beides dient nur der Orientierung, man kann sie löschen. Für den Notfall findet man die Angaben noch in der PDF-Datei. Dann die Objekte, die nicht benötigt werden, von der Arbeitsfläche schieben – oder löschen – und nacheinander die verschiedenen Folienfarben plotten.

2 Dann nach und nach die Folien aufbügeln. Das große flächige Motiv bildet die Grundlage, darauf werden die verschiedenen Farben gestapelt. Das Motiv liegt also an den meisten Stellen doppelt.

Unter dem Dateinamen ***Nussknacker_Linework*** findet man das Motiv nur aus Außenlinien. Auf ein T-Shirt geplottet und zusammen mit Stoffmalstiften verschenkt, gibt das eine kurzweilige Geschenkidee für kleine Künstler.

Schwarze Außenlinien wirken beim Illustrieren oder Basteln oft zu hart. Daher wurde für die Außenlinien bei diesem Projekt ein Dunkelblau verwendet.

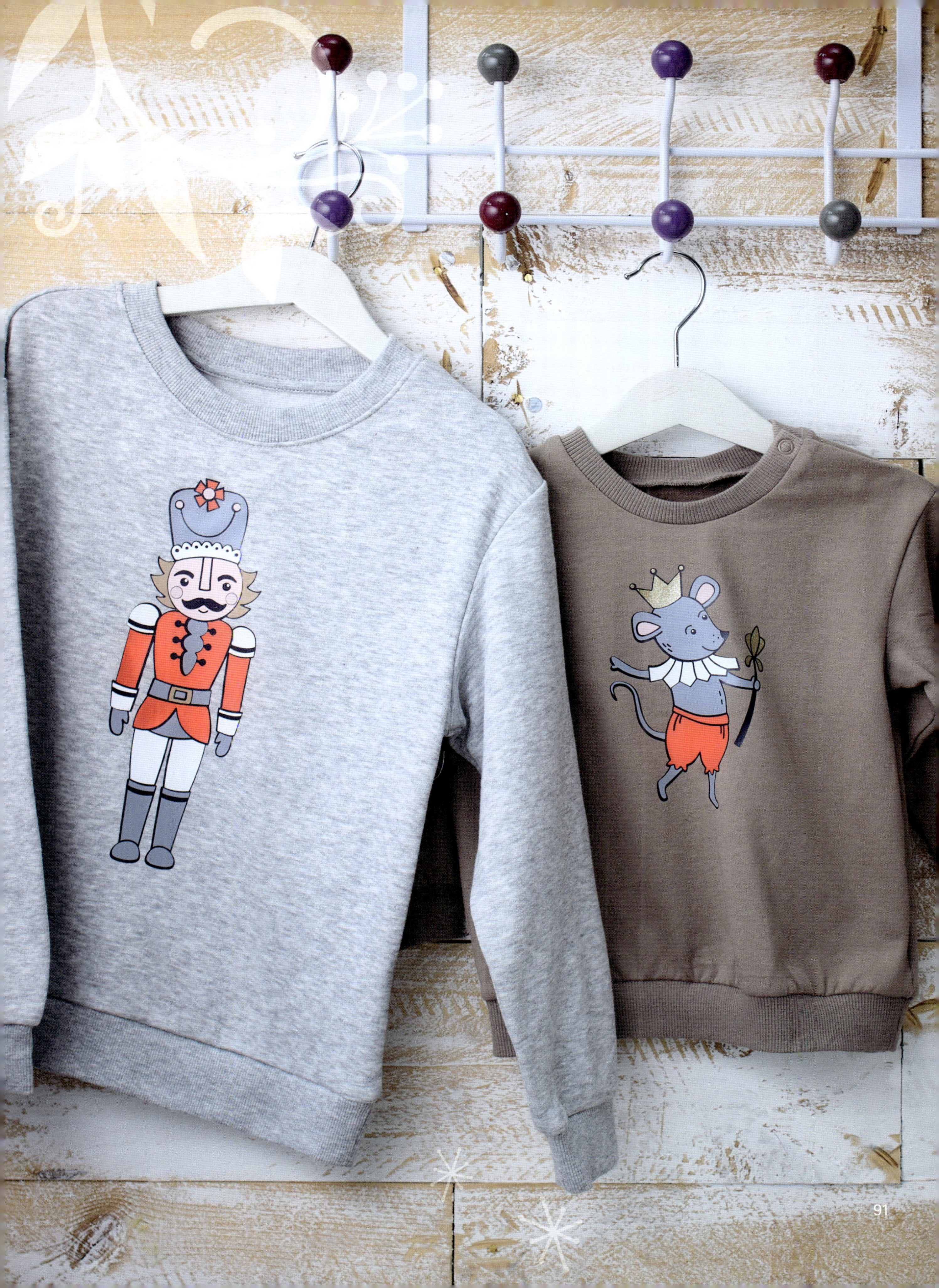

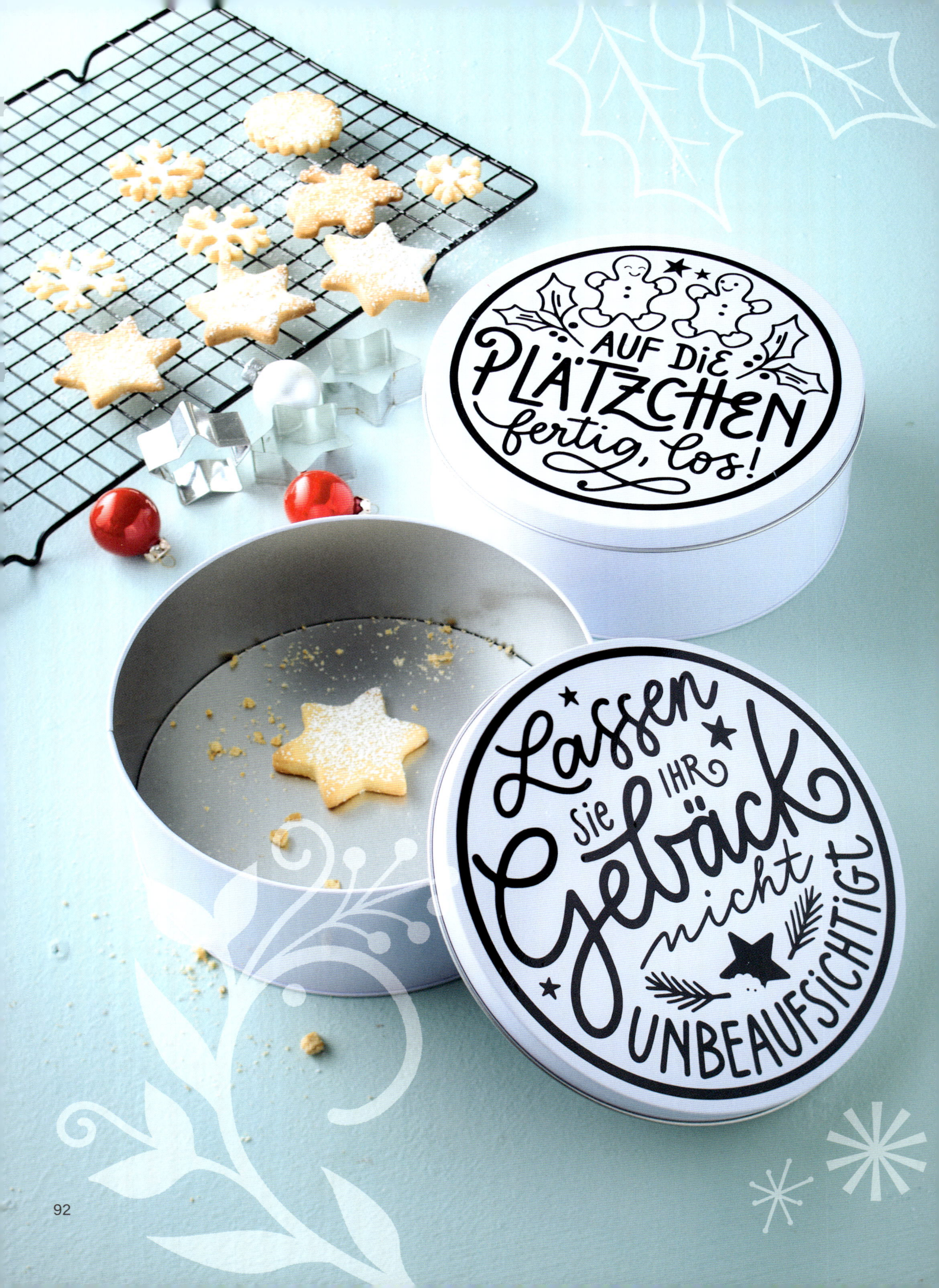
AUF DIE
PLÄTZCHEN
fertig, los!
Lassen
sie IHR
Gebäck
nicht
UNBEAUFSICHTIGT

BEKLEBTE KEKSDOSEN

SCHWIERIGKEIT

●○○

GRÖSSE Ø 17 CM

MATERIAL

- Keksdose rund in Weiß, Ø 17 cm
- Vinylfolie in Schwarz, 20 cm x 20 cm
- Übertragungsfolie

DATEIEN

„Keksdose_1"
(Auf die Plätzchen, fertig, los)
„Keksdose_2"
(Lassen Sie Ihr Gebäck nicht unbeaufsichtigt)
„Keksdose_3"
(Cookies make everything better)

1 Die Datei mit dem gewünschten Text öffnen und gegebenenfalls die Größe anpassen. Dann das Motiv aus Vinylfolie schneiden lassen. Die überstehende Folie entfernen.

2 Die Übertragungsfolie von vorne auf das Motiv kleben und die Trägerfolie hinten (Papier) entfernen. Das Motiv auf den Deckel legen und fest andrücken. Dann die Übertragungsfolie vorsichtig lösen.

Wenn man keine einfarbige Keksdose findet, kann man natürlich auch eine bedruckte kaufen, leer essen und mit Sprühfarbe grundieren.

Bei den Dateien befindet sich unter dem Namen ***Keksdose_3*** noch eine dritte Variante.

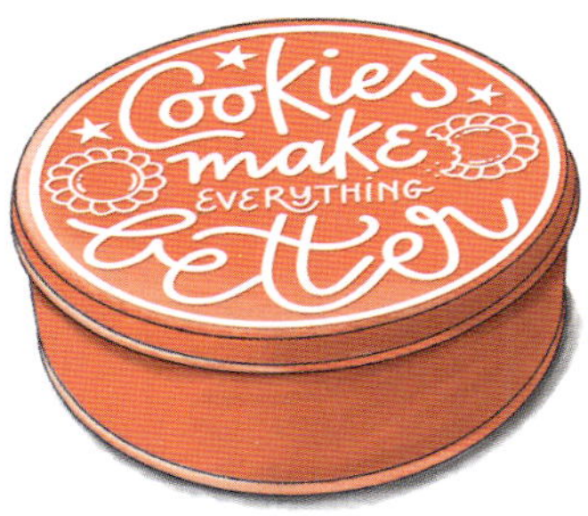

BAUMKUGELN
IN DER BOX

SCHWIERIGKEIT

●●○

GRÖSSE
7 CM X 7 CM X 8,5 CM
(FÜR KUGEL Ø 6 CM)

MATERIAL
- Scrapbook-Papier in Schwarz oder Weiß
- Christbaumkugel, Ø 6 cm
- Folienreste

DATEIEN
„Box_fuer_Kugeln_6cm"
„Box_fuer_Kugeln_8cm"

1 Die Datei ***Box_fuer_Kugeln_6cm*** öffnen und mögliche Gruppierungen lösen. Dann die pinken Linien in (gestrichelte) Falzlinien umwandeln. Die Schachtel inklusive Einsatz plotten.

2 Von der Folie ein Rechteck ausschneiden, das etwas größer ist als das Fenster der Schachtel. Dann von hinten hinter das Fenster kleben. Die Schachtel zusammenfalten und -kleben. Zum Schluss die vier Seiten des Einsatzes nach unten knicken und in die Schachtel schieben. Dann nur noch die Schachtel befüllen und verschließen.

Die Schachtel für 8 cm große Kugeln wird in zwei Teilen geschnitten. Schneide den Schachtelteil einmal mit Fenster zu, beim zweiten Zuschnitt lösche vorher das Fenster raus.

Die Texte auf den Kugeln können einfach in der Plotter-Software selbst geschrieben, geplottet und aufgeklebt werden. Eine Anleitung für das Beplotten von Weihnachtskugeln befindet sich auf Seite 96.

In den Dateien befinden sich zwei Schachtelgrößen für Kugeln mit den Durchmessern von 6 und 8 cm. Die Größe findet man im Dateinamen. Falls man eine noch größere Schachtel (z.B. für eine 10 cm große Kugel) benötigt, einfach die Datei für 8 cm öffnen, da ist die Schachtel in zwei Teile unterteilt. Alle Elemente der Schachtel gruppieren und sie so vergrößern, dass die Breite der Schachtel ca. 11 cm beträgt. Alles wieder entgruppieren und die Teile nach und nach ausschneiden. Der Papierbedarf erhöht sich dadurch natürlich etwas.

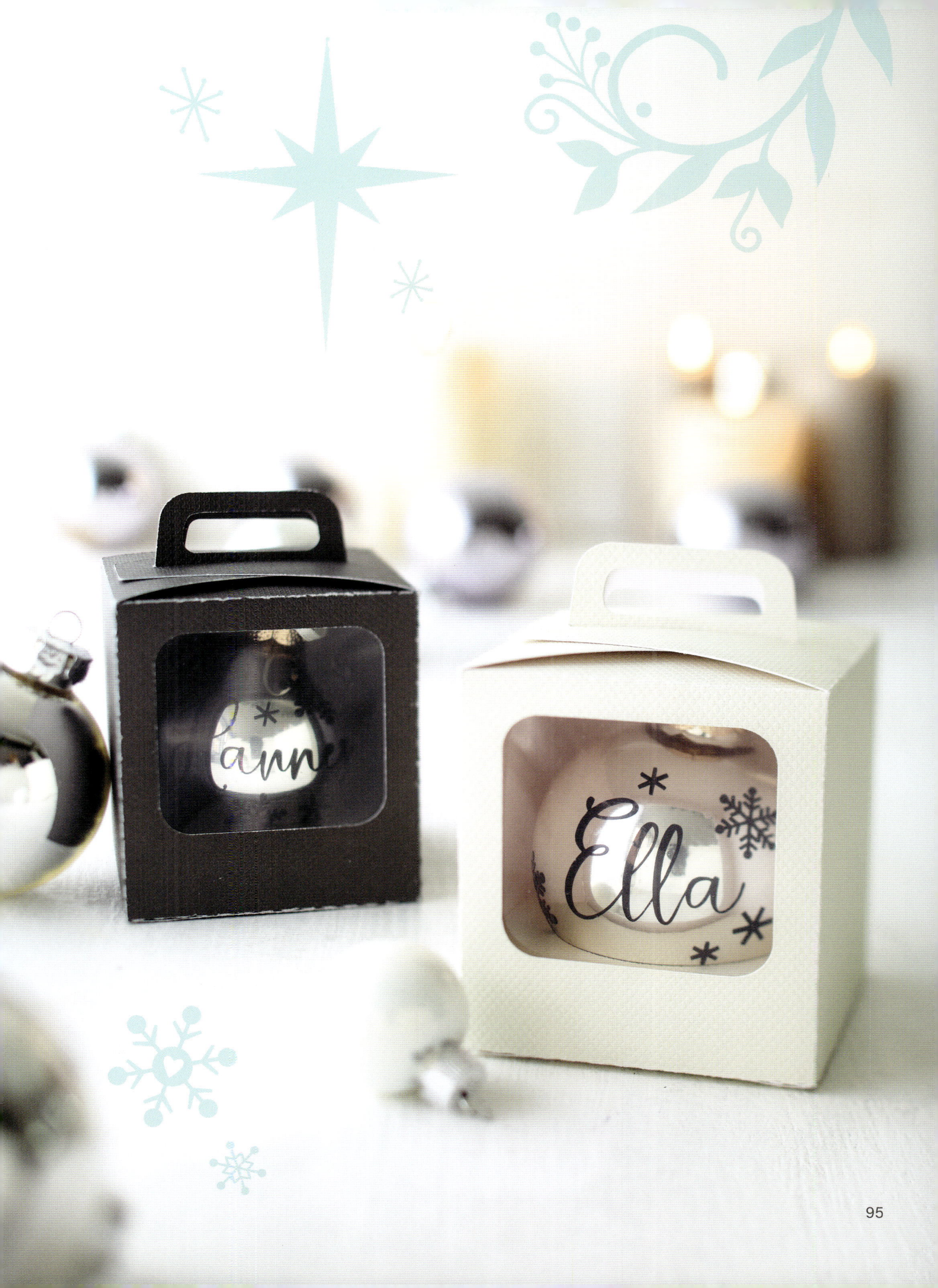
Ella

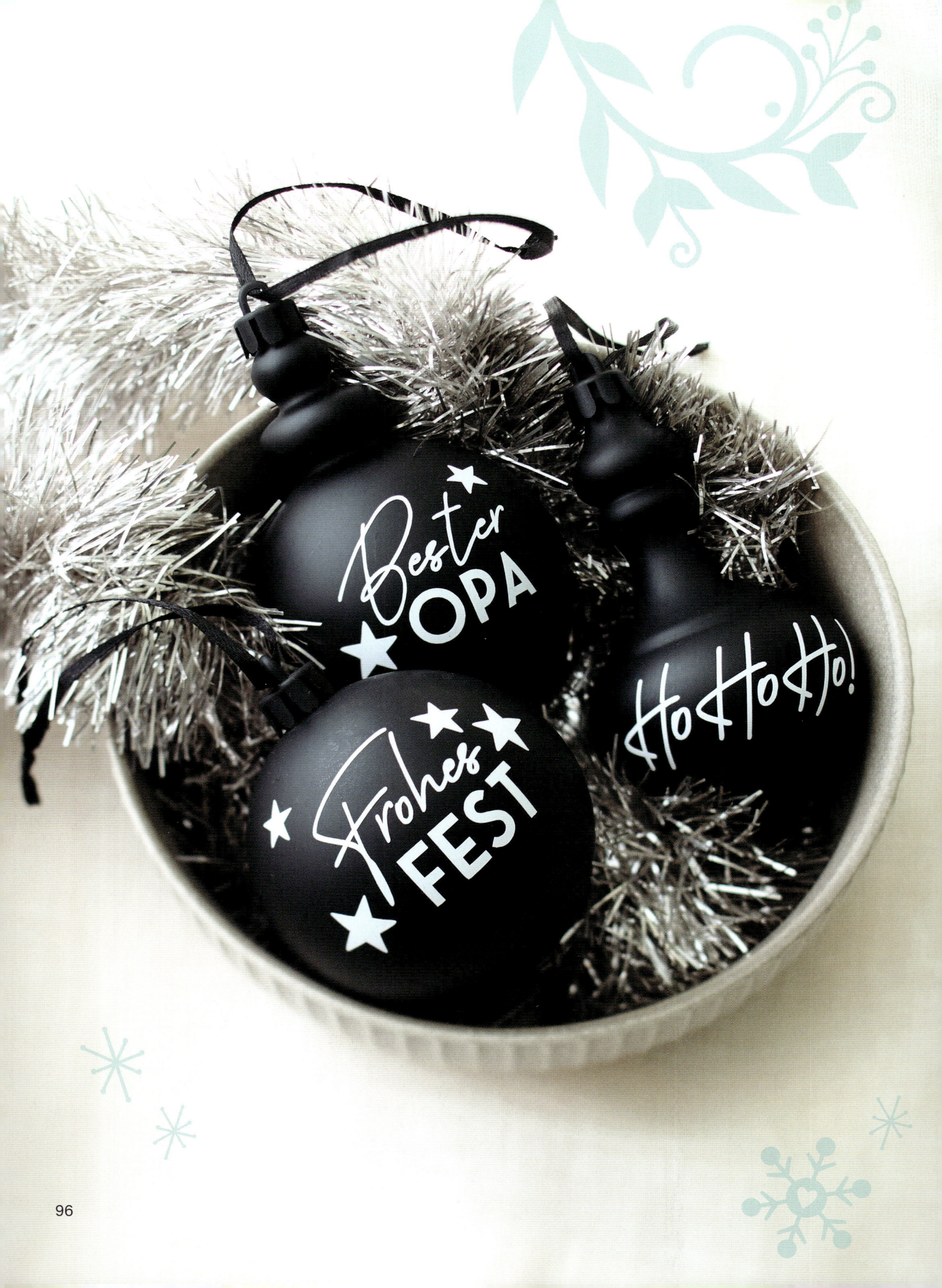
Bester OPA
Frohes FEST
HoHoHo!

BEKLEBTE BAUMKUGELN

SCHWIERIGKEIT

● ○ ○

GRÖSSE Ø CA. 8 CM

MATERIAL JE KUGEL

- Baumkugeln in Schwarz, Ø 8 cm
- Vinylfolienrest in Weiß
- Übertragungsfolienrest (alternativ breites Washi Tape)

DATEI

„Beklebte_Weihnachtskugeln"

1 Die Datei öffnen und mögliche Gruppierungen lösen. Dann die Texte, die nicht benötigt werden, löschen oder zur Seite schieben. Gegebenenfalls die Größe anpassen und dann aus der weißen Vinylfolie plotten.

2 Die überstehende Folie entfernen, dann die Übertragungsfolie auf das Motiv kleben. Von den Rändern mehrfach so einschneiden, dass nur Übertragungsfolie und Trägerpapier geschnitten werden. Mit den Schnitten lässt sich das Motiv leichter um die Kugel kleben.

3 Das Trägerpapier entfernen und das Motiv mit der Übertragungsfolie auf die Kugel kleben. Dann die Übertragungsfolie vorsichtig entfernen.

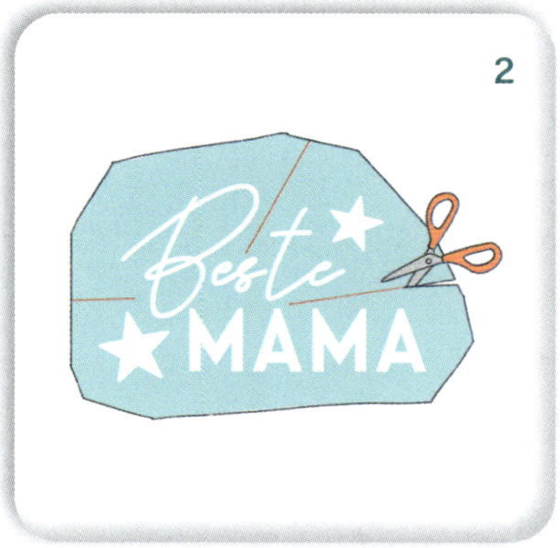

CHRISTMAS STOCKING

SCHWIERIGKEIT

●●●

GRÖSSE STOCKING CA. 17 CM X 27 CM

MATERIAL

- Flexfolie in Weiß, A4
- Flexfolienreste in Beige, Mittelbraun, Rosa, Rot und Dunkelblau
- 2 Zuschnitte Oberstoff in Dunkelblau (Baumwolle), 25 cm x 35 cm
- 2 Zuschnitte Futterstoff in Rot (Baumwolle), 25 cm x 35 cm
- 2 Zuschnitte Vlieseinlage S 320, 22 cm x 32 cm
- Kordelrest als Aufhänger

DATEIEN

„Stocking_1"
„Stocking_2"

1 Die Datei ***Stocking_1*** öffnen und die Farbangabe links oben löschen. Das Motiv spiegeln (!) und aus der weißen Flexfolie plotten. Dann die überstehende Folie entfernen. Das Motiv auf einen der Oberstoffe bügeln.

2 Die zweite Datei ***Stocking_2*** öffnen und nacheinander die Teile des Vogels und der Beeren zuschneiden. Zur Info sind jeweils die Reihenfolge, in der die Teile aufgebügelt werden, das Körperteil und die Farbe angegeben; diese Texte nicht plotten. Alle nicht benötigten Motive löschen, das gewählte Motiv spiegeln (!) und schneiden lassen. Die überstehende Folie entfernen.

3 Wenn alle Teile des Vogels geschnitten sind, den Vogel stapeln und so auf das bereits aufgebügelte Motiv legen, dass die Füße auf dem Ast stehen. Alle Folien – bis auf die unterste – wieder entfernen, dann den Körper aufbügeln. Die Trägerfolie entfernen und danach die Brust, den Flügel mit Beinen, Auge und Schnabel (mit Beeren) aufbügeln.

4 Nähen: Die beiden Oberstoffe links auf links legen und an der gestrichelten Linie ausschneiden. Die Vlieseinlage auf den Futterstoff bügeln, einen Zuschnitt aus Oberstoff als Schablone verwenden und den Futterstoff in Stockingform schneiden. Zum Nähen jeweils einen Zuschnitt aus Oberstoff und einen aus Futterstoff rechts auf rechts legen und am oberen Rand zusammennähen. Bei der unbedruckten Seite die Kordelenden mit festnähen, sodass eine Schlaufe entsteht. Die Nähte aufbügeln. Die beiden Teile rechts auf rechts aufeinanderlegen. Auf einer Seite liegen die Stockings aus Oberstoff aufeinander, auf der anderen Seite die beiden Futterstoffteile. Dann am äußeren Rand mit einer Nahtzugabe von ca. 7 mm zusammennähen. Im hinteren Bereich eine Wendeöffnung lassen. Die Nahtzugabe etwas abschneiden, dann den Stocking auf rechts wenden und bügeln. Die Wendeöffnung von Hand schließen und den oberen Rand nochmals knappkantig absteppen.

Der Körper des Vogels ist in der Mitte so aufgebaut, dass nur ein Teil des Motivs doppelt liegt. Falls man das Motiv also für ein Shirt verwenden möchte, sorgt die Aussparung dafür, dass sich die Folien nicht stapeln und zu dick auftragen. Wer keine Aussparung möchte, löscht den inneren Schnitt des Vogels.

Variante ohne Nähen: Das Motiv gemäß Anleitung auf Polyesterfilz bügeln und dann zwei Teile Filz rechts auf rechts legen. Am Rand, ca. 7 mm entfernt von der gestrichelten Linie, eine Naht um die Seiten und den unteren Teil anbringen; den oberen Rand offen lassen. Überstehenden Filz abschneiden und einen Aufhänger befestigen.

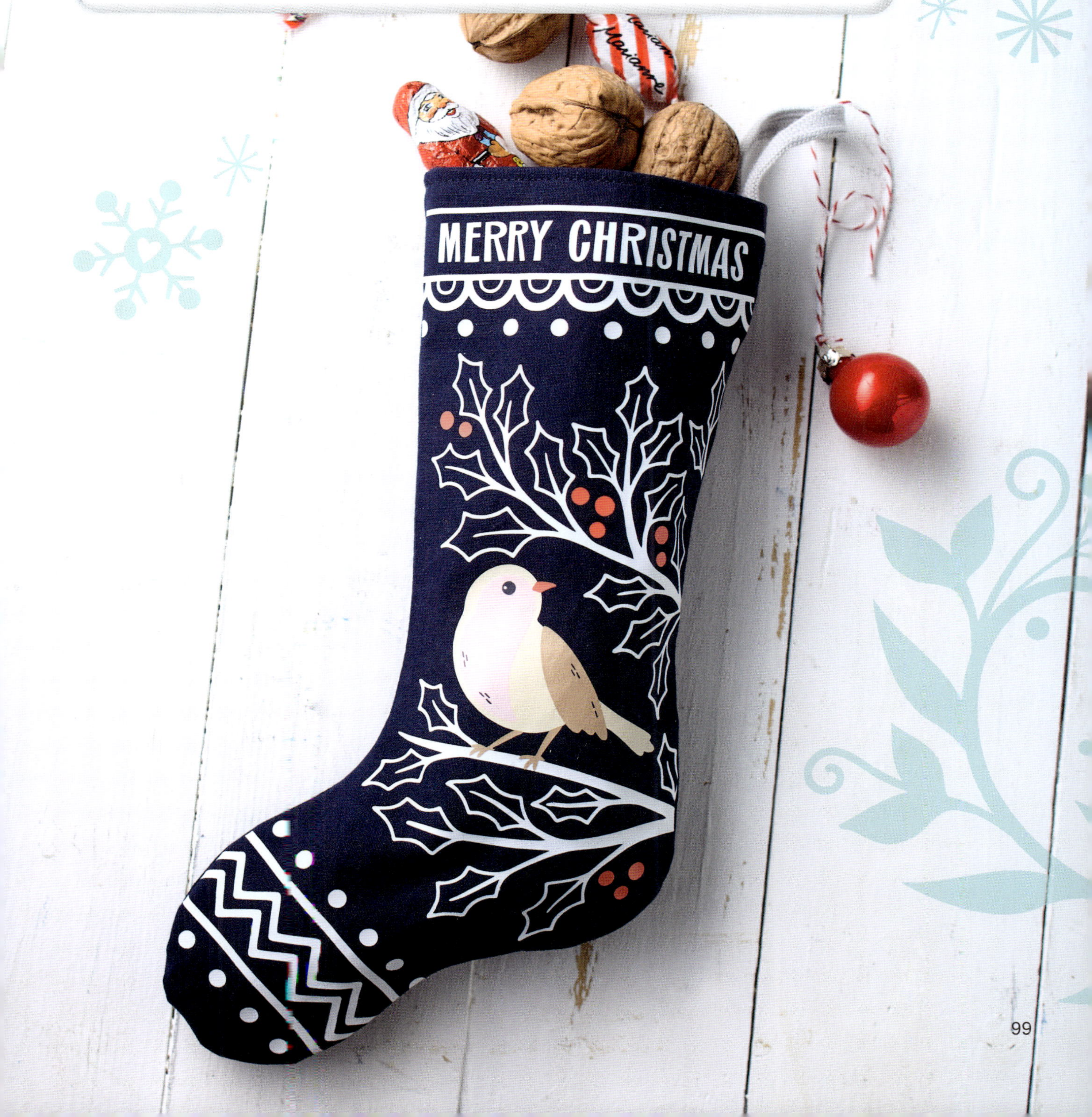

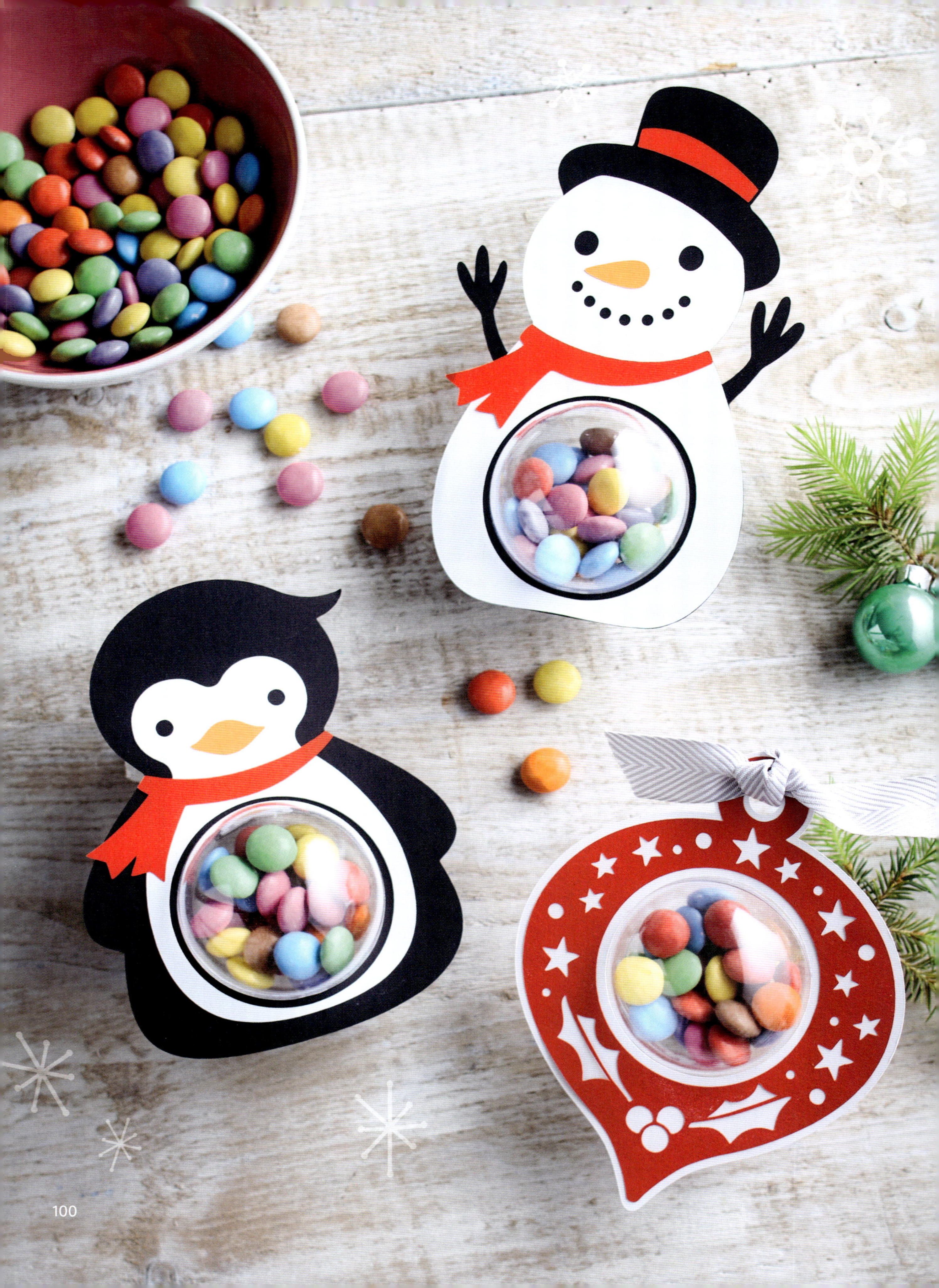

SÜSSE KUGELN

SCHWIERIGKEIT

●●○

GRÖSSE
12 CM X 13 BIS 17 CM

MATERIAL JE FIGUR

- Fotokarton in Schwarz oder Weiß, A4
- Tonzeichenpapier in Schwarz, Weiß, Orange und/oder Rot
- Acrylkugeln, Ø 6 cm
- Schokolinsen
- Dekobandrest nach Bedarf

DATEIEN

„Suesse_Kugel_Ornament"
„Suesse_Kugel_Pinguin"
„Suesse_Kugel_Schneemann"

1 Die gewünschte Datei öffnen und mögliche Gruppierungen lösen. Das größte Teil jeder Datei ist die Grundform und wird aus Fotokarton geschnitten. Alle anderen Teile können aus Tonzeichenpapier geschnitten werden. Nacheinander die verschiedenen Teile der Figur schneiden. Dann die einzelnen Zuschnitte gemäß Foto aufeinander kleben.

2 Falls die Acrylkugel eine kleine Aufhängung hat, diese entfernen. Dafür mit dem Cutter mehrfach über das kleine Plastikteil fahren, es abknicken und mit einer Nagelfeile die Bruchkante rund feilen. Die Hälfte der Acrylkugel mit dem Innenteil des Verschlussrandes in den Kreis der Figur schieben. Dann die Kugel füllen und von der anderen Seite die zweite Hälfte über den Rand der ersten schieben.

Die Figuren kann man manuell an andere Acrylkugelgrößen anpassen. Dafür den Radius des Verschlussrandes messen und in der Plotter-Software einen Kreis in der Größe ziehen. Dann alle (!) Teile der Figur so vergrößern bzw. verkleinern, dass beide Kreise ungefähr die gleiche Größe haben. Nun den Kreis in der Vorlage löschen und durch den Kreis ersetzen, den man selbst gemessen hat.

MITBRINGSEL FÜR DIE KLEINEN

SCHWIERIGKEIT

●○○

GRÖSSE CA. Ø 7 CM

MATERIAL JE SCHRAUBGLAS

- Stoffreste in Orange, Pink oder Rot
- Flexfolienreste in Dunkelblau oder Weiß
- Kleines Schraubglas mit Füllung
- Doppelseitiges Klebeband, 5 mm breit
- Dekobandrest, 5 mm breit
- Glöckchen
- Garnrest
- Stopfnadel

DATEI

„Mini_Motive"

1 Die Datei öffnen, mögliche Gruppierungen lösen und alle Motive löschen, die nicht benötigt werden. Das ausgewählte Motiv spiegeln (!), dann plotten. Die überstehende Folie entfernen und das Motiv mittig auf den Stoffrest bügeln. Dann kreisförmig ausschneiden. Die Größe bemisst sich nach dem Durchmesser des Deckels zuzüglich 5 cm.

2 Das doppelseitige Klebeband um den Rand des Deckels kleben, dann den Stoffkreis mittig auf den Deckel kleben und seitlich rundherum andrücken. Der Stoff klebt nun auf dem Klebeband. Nochmals Klebeband um den Deckelrand kleben, das Dekoband darauf festkleben und verknoten. Das Glöckchen mit dem Garnrest und der Stopfnadel im Knoten des Dekobandes befestigen. Praktisch: Der Stoff kann beim Öffnen und Schließen auf dem Deckel verbleiben.

In der Datei ***Mini_Motive*** befinden sich insgesamt sechs verschiedene Motive. Sie eignen sich für sehr kleine Projekte, wie Geschenkanhänger, Lesezeichen oder kleine Schachteln.

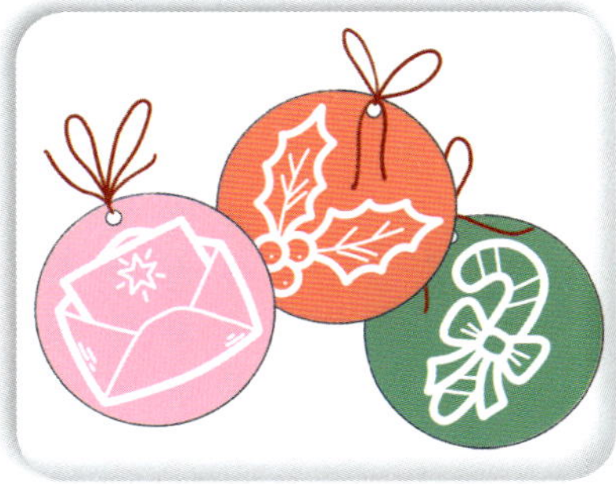

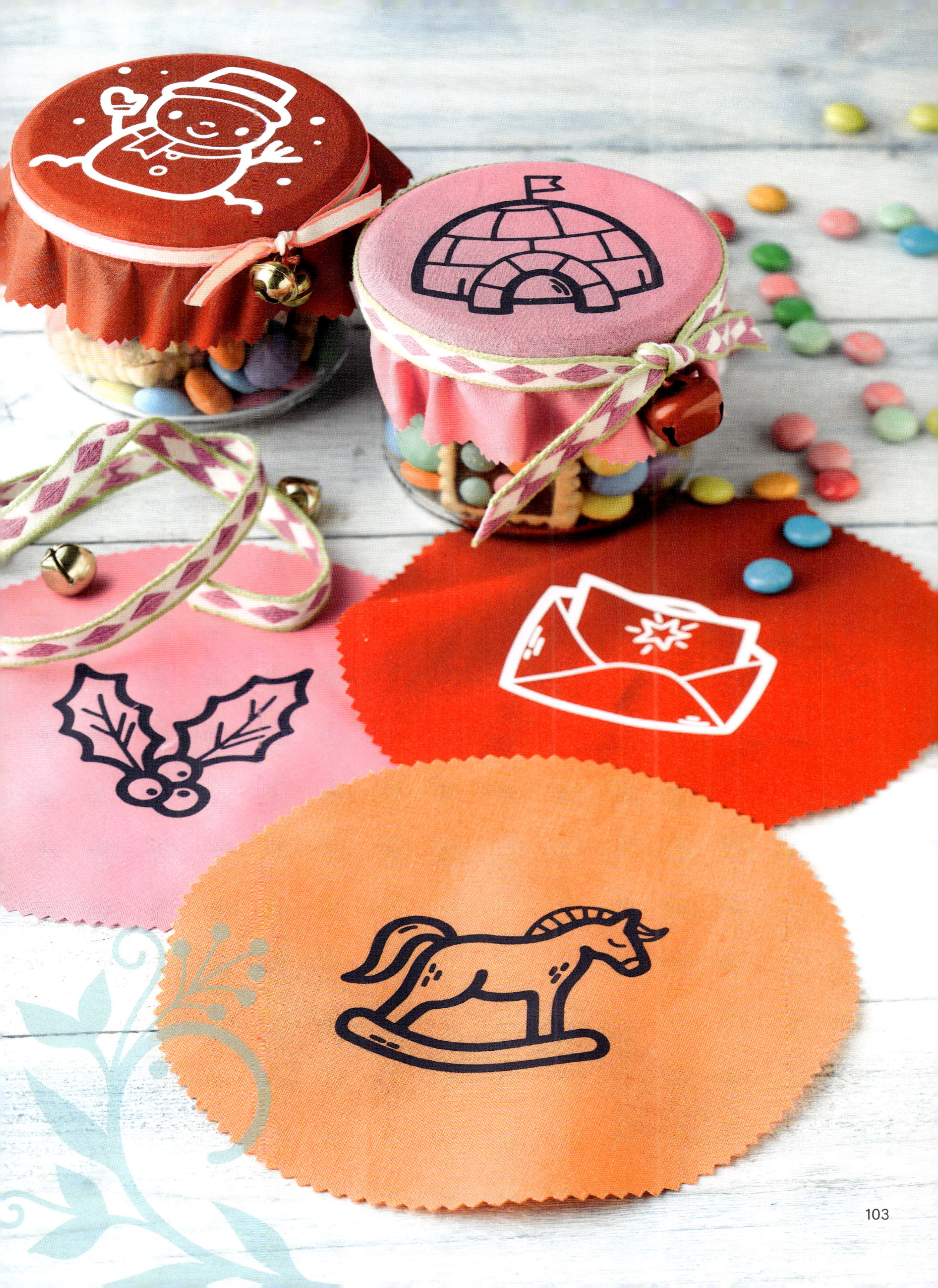

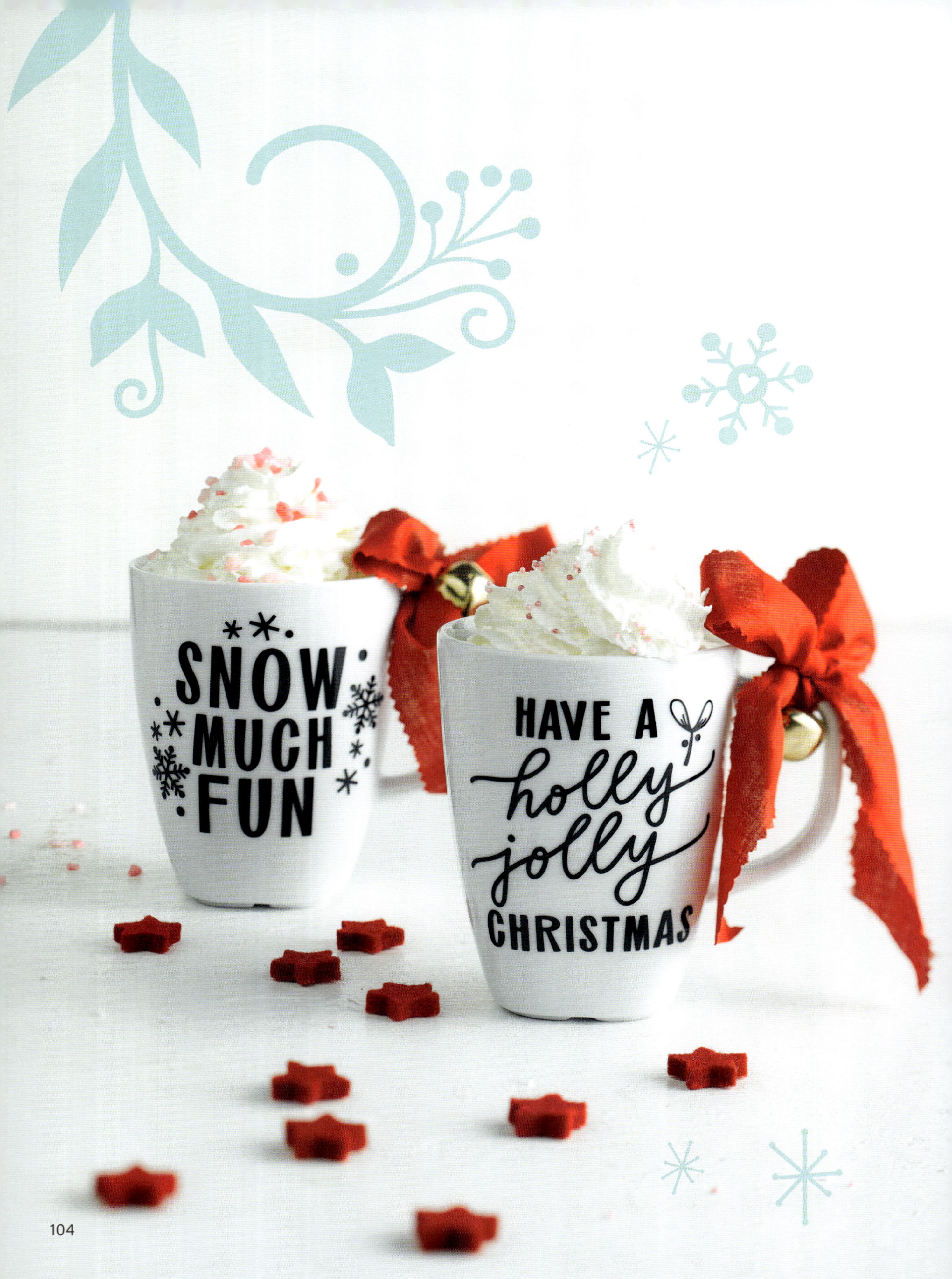
SNOW MUCH FUN
HAVE A holly jolly CHRISTMAS

FOLIERTE TASSEN

SCHWIERIGKEIT

●●○

GRÖSSE
CA. 7,5 CM X 7,5 CM

MATERIAL JE TASSE

- Tasse
- Vinylfolienrest in Schwarz
- Übertragungsfolienrest

DATEI
„Tassen"

1 Die Datei öffnen und gegebenenfalls die Größe anpassen. Dann das Motiv aus Vinylfolie schneiden lassen. Die überstehende Folie entfernen.

2 Die Übertragungsfolie von vorne auf das Motiv kleben und die Trägerfolie hinten (Papier) entfernen. Das Motiv auf die Tasse legen und fest andrücken. Dann die Übertragungsfolie vorsichtig lösen.

Einfacher lässt sich die Folie aufkleben, wenn man eine Tasse mit geraden Wänden verwendet.

SCHACHTEL-
ADVENTSKALENDER

SCHWIERIGKEIT

●●○

GRÖSSE
CA. 28 CM X 20 CM X 5,5 CM
SCHACHTEL JE 4 CM X 4 CM X 5,5 CM

MATERIAL
- 5 Bogen Fotokarton in Dunkelblau, A4
- 8 Bogen Fotokarton in Weiß, A4
- Tonzeichenpapier in Dunkelblau, A4
- 8 Bogen Motiv-Fotokarton mit verschiedenen Mustern, A4

DATEIEN
„Kalender_Hintergrund"
„Kalender_Rand_1"
„Kalender_Rand_2"
„Kalender_Unterteilung_1"
„Kalender_Unterteilung_2"
„Kalender_Schachteln"
„Kalender_Zahlen"

Der Kalender besteht aus vielen einzelnen Dateien, die man alle in dem Ordner „Adventskalender" findet.

1 Beginne mit dem Rahmen des Kalenders. Dafür die Datei ***Kalender_Hintergrund*** öffnen und zuschneiden lassen. Danach die Datei ***Kalender_Rand_1*** öffnen, mögliche Gruppierungen lösen und die pinken Linien als (gestrichelte) Falzlinien definieren. Die Beschriftung kannst du löschen. Dann die Datei zweimal plotten. Ebenso mit der Datei ***Kalender_Rand_2*** verfahren.

2 Zum Basteln des Rahmens zunächst die vier Ränder von hinten gegen das große Hintergrund-Rechteck kleben und den Klebstoff trocknen lassen.

3 Dann die beiden langen Seiten an den vier Falzlinien nach vorne knicken, „einrollen" und an der schmalen, abgeschrägten Kante auf den Hintergrund kleben. Danach die beiden kurzen Seiten ebenso nach vorne „einrollen", die Klebelaschen an den Seiten und die abgeschrägte Kante mit Klebstoff einstreichen und dann vorsichtig unter die Schräge der langen Kanten heben. Von oben sieht der Rahmen nun aus, als wäre der Rand „auf Gehrung gesägt".

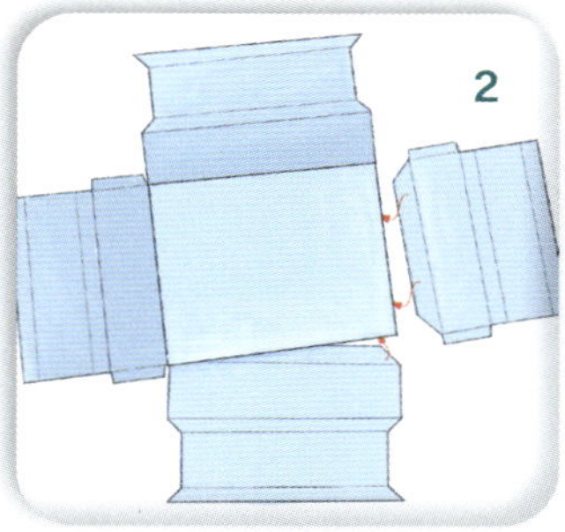

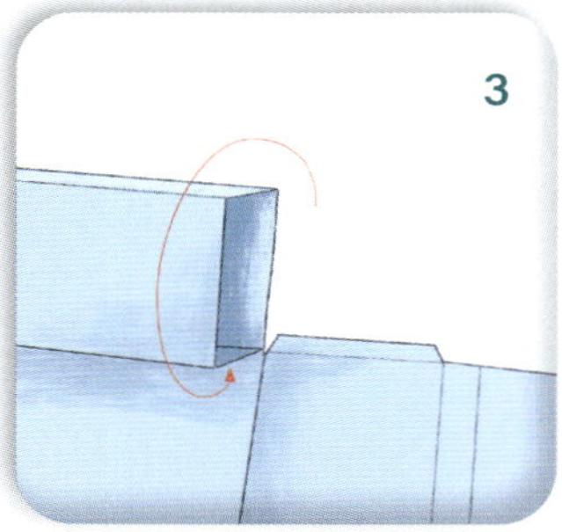

FORTSETZUNG AUF SEITE 108

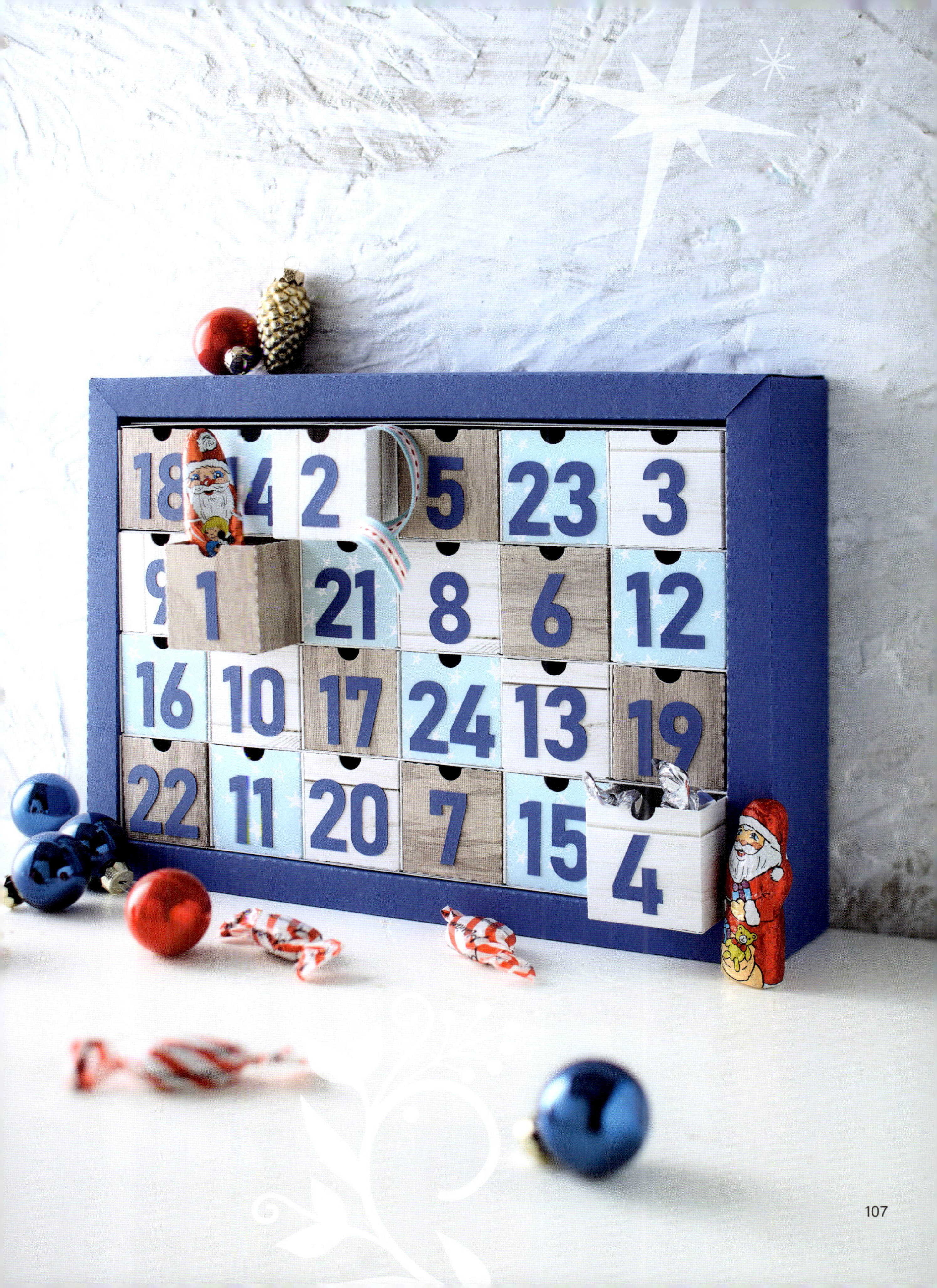
18
2
5
23
3
1
21
8
6
12
16
10
17
24
13
19
22
11
20
7
15
4

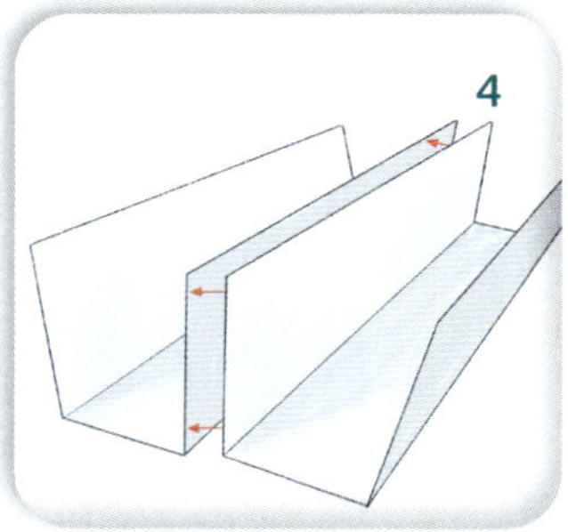

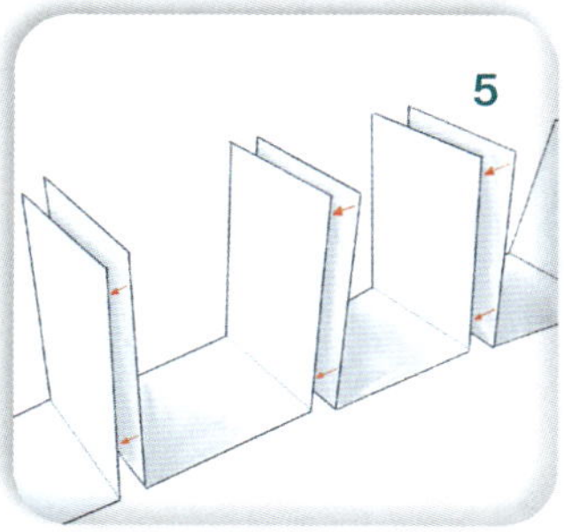

4 Als nächstes die Unterteilungen basteln. Dafür die Datei ***Kalender_Unterteilung_1*** öffnen, mögliche Gruppierungen lösen und die pinken Linien in (gestrichelte) Falzlinien umwandeln. Die Beschriftung löschen und die Datei viermal schneiden lassen. Die beiden Ränder nach oben falten und alle vier U-förmigen Teile gemäß Abbildung 4 zusammenkleben. Dann in den Rahmen des Kalenders schieben.

5 Die Datei ***Kalender_Unterteilung_2*** öffnen, die pinken Linien in (gestrichelte) Falzlinien umwandeln, dann die Unterteilungen 24 mal schneiden lassen. Auf ein Blatt in A4 passen sechs Unterteilungen. Zu einem „U" falten und immer sechs Teile zusammenkleben. Diese Reihen in den Rahmen des Kalenders schieben.

6 Zum Schluss die 24 Schachteln basteln. Dafür die Datei ***Kalender_Schachteln*** öffnen, die Beschriftung löschen, dann die pinken Linien in (gestrichelte) Falzlinien umwandeln und insgesamt 24 Schachteln plotten. Auf ein Blatt in A4 passen drei Schachteln. Jede Schachtel zu einem Viereck falzen und an der Klebefläche zusammenkleben. Dann die drei Klebeflächen des Bodens falten und das Bodenteil ankleben. Zum Schluss die vier Verstärkungen am oberen Rand nach innen knicken und ebenfalls festkleben.

7 Zu dem Kalender gehört noch die Datei ***Kalender_Zahlen,*** die man zum Schluss plottet. Die Zahlen aus dem Bogen lösen und auf die Schachteln kleben.

Der Rahmen ist nicht nur praktisch für den Kalender, sondern gibt auch einen tollen Bilderrahmen ab, indem auch kleine Andenken, Figuren oder Basteleien Platz finden.

POP-UP-
KARTE

SCHWIERIGKEIT

●●●

GRÖSSE AUFGEKLAPPTE KARTE
CA. 21 CM X 15 CM X 10 CM

MATERIAL

- Strukturkarton in Weiß und Creme, 220 g/m², A4
- Kartenrohling in Dunkelgrün, A6
- Tonzeichenpapierreste in Grün und Orange

DATEIEN

„Popup_Karte_1"
„Popup_Karte_2"

1 Die Datei ***Popup_Karte_1*** öffnen, mögliche Gruppierungen lösen und die pinken Linien in (gestrichelte) Falzlinien umwandeln. Dann die Seite aus dem weißen Strukturkarton schneiden lassen.

2 Danach die Datei ***Popup_Karte_2*** öffnen und alle Teile aus den verschiedenen Farben schneiden lassen. Die Farbangaben und Linien löschen.

3 Die weißen Rechtecke von hinten gegen die Fenster des Hauses kleben, dabei darauf achten, dass keine Falzlinien überklebt werden. Danach die Schindelreihen leicht über die Tischkante ziehen, um die Ränder der Schindeln nach oben stehen zu lassen. Die Schindelreihen auf das Dach kleben.

4 Das Haus an den vier Ecken falzen und an der seitlichen Klebekante schließen. Die unteren und oberen Klebekanten knicken. Dann das Dach gemäß Abbildung 4 über die Dachspitze legen und zunächst eine Seite kleben.

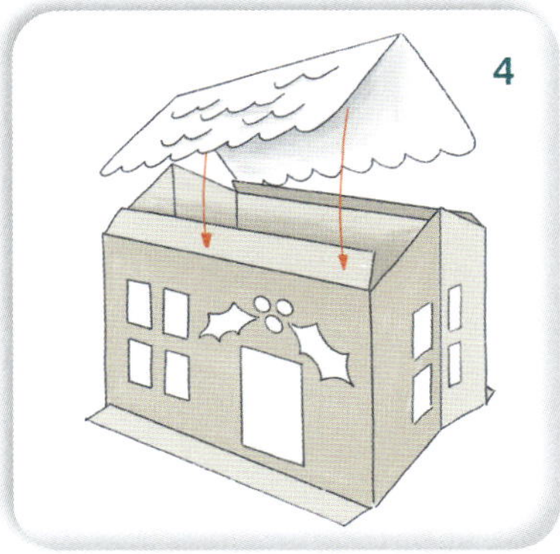

FORTSETZUNG AUF SEITE 110

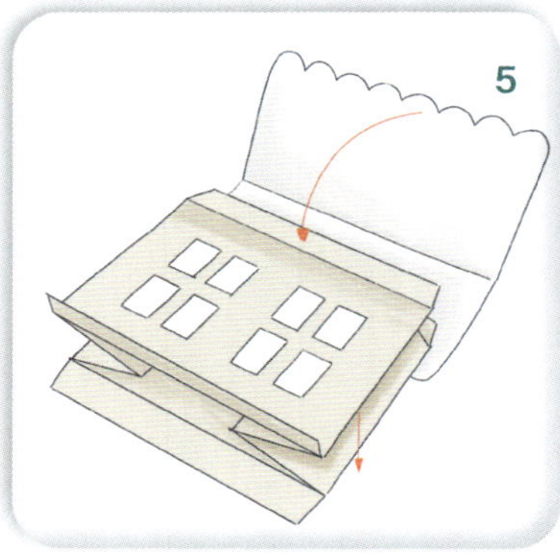

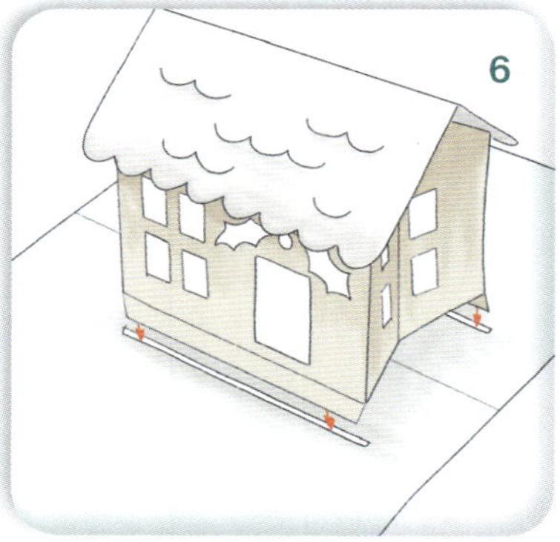

5 Das Haus flach legen – die Seiten werden dabei nach innen geklappt – und das Dach auch am zweiten Klebestreifen fixieren. So wird sichergestellt, dass das Haus im zusammengefalteten Zustand flach liegt.

6 Die beiden unteren Klebeflächen durch die länglichen Ausschnitte der Karte schieben, nach außen umknicken und mit Klebstoff und eventuell einem Klebestreifen über dem Ausschnitt fixieren. Nicht wundern, das Hausdach ragt im geschlossenen Zustand wenige Millimeter über die Karte hinaus.

7 Die unteren Enden des Zauns durch die kurzen Öffnungen auf der Karte schieben, nach unten umknicken und ebenfalls festkleben. Beim Basteln darauf achten, dass der Klappmechanismus funktioniert und kein Teil versehentlich geknickt wird.

8 Die Karte in den Kartenrohling kleben und mit den grünen Ilexblättern und orangefarbigen Beeren dekorieren. Beim Schließen ragt das Dach des Hauses nun nicht mehr über den Kartenrand hinaus.

Wer die Karte mal in Bewegung sehen möchte, findet ein Video auf meinem Instagram-Account:

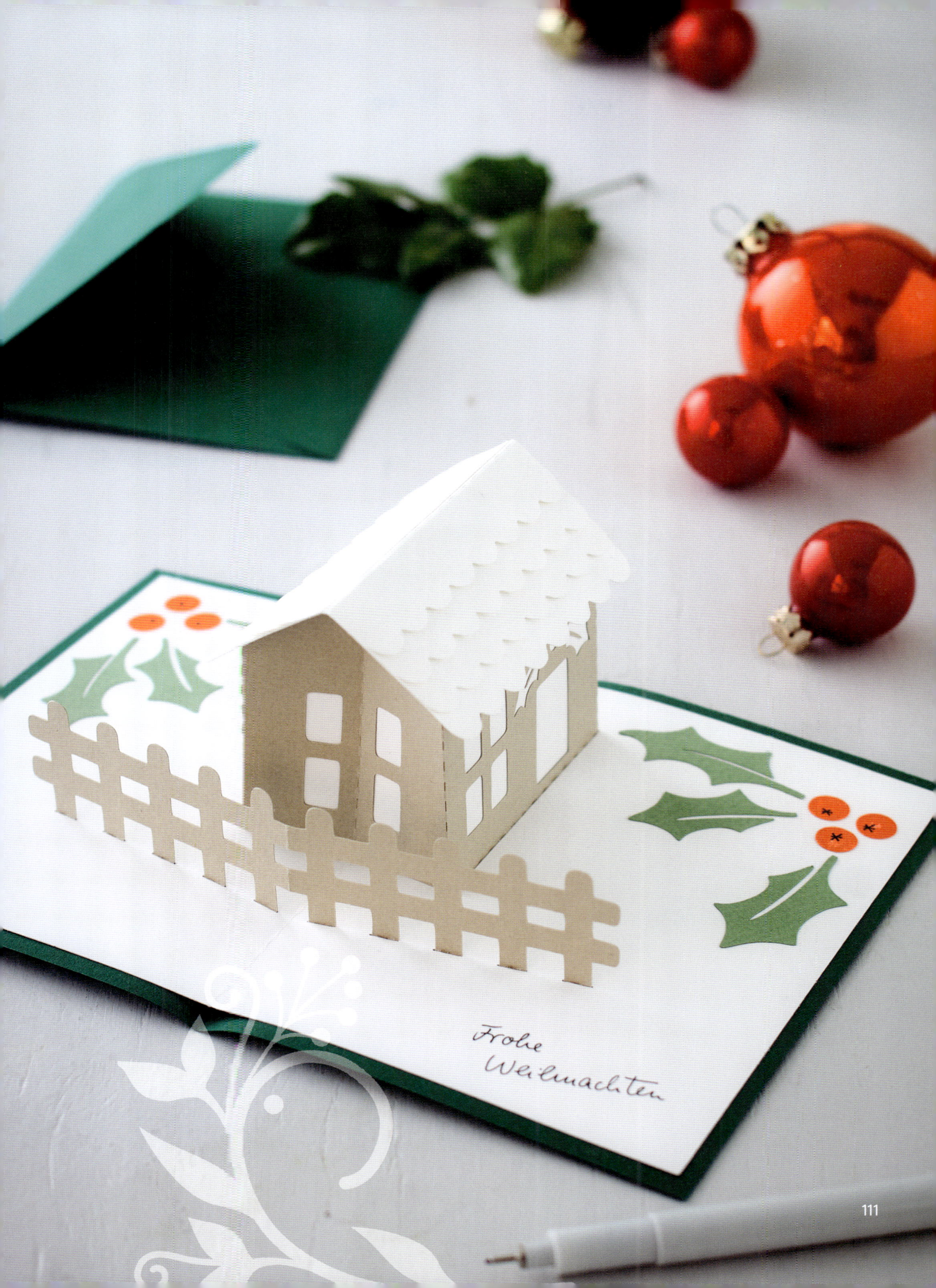
Frohe
Weihnachten

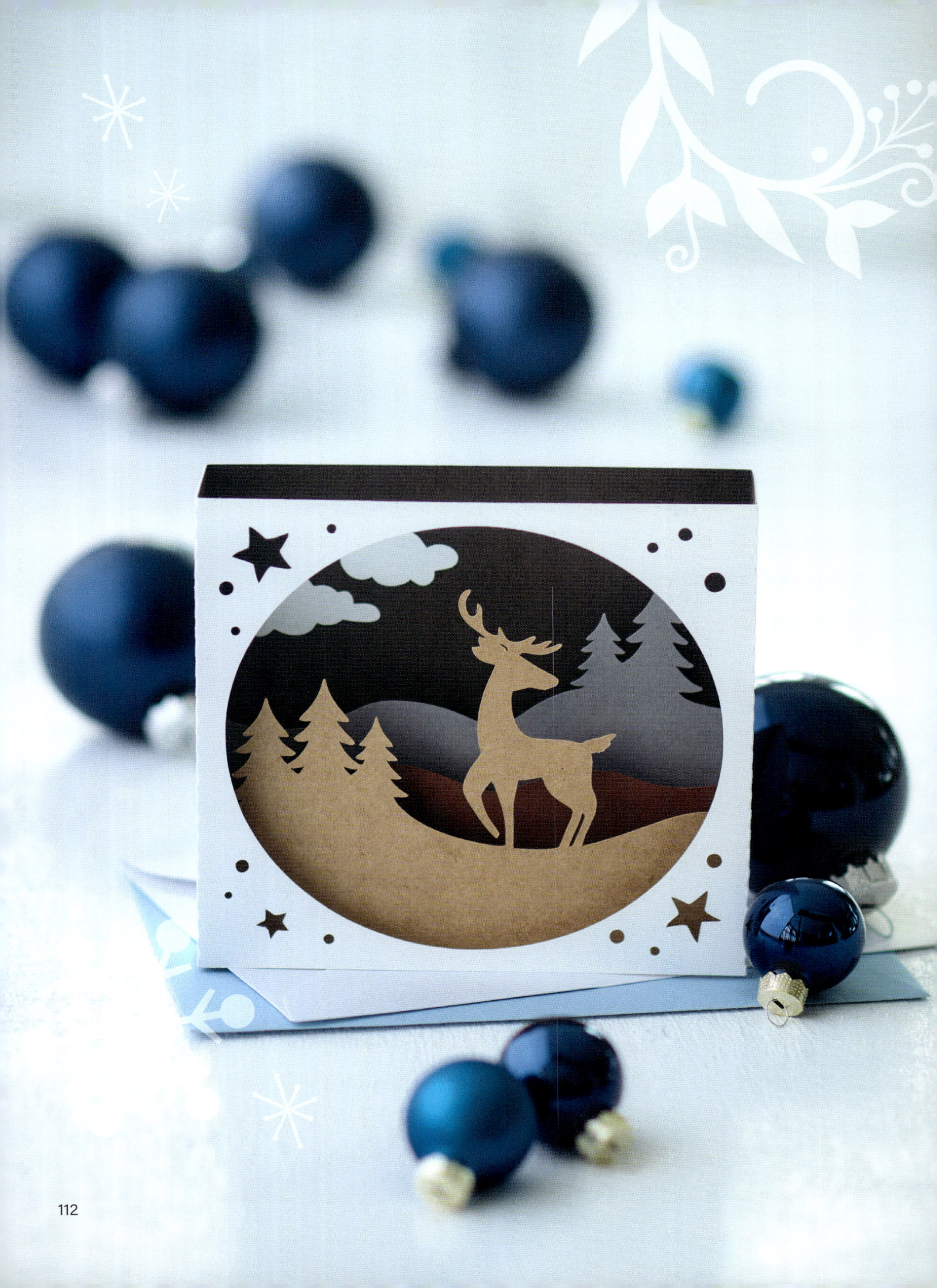

TUNNELKARTE
MIT REH

SCHWIERIGKEIT

● ● ○

KARTENGRÖSSE
16,5 CM X 12 CM
(FLACH LIEGEND)

MATERIAL
- Strukturkarton in Dunkelbraun, A4
- Fotokarton in Cremeweiß, A4
- Tonzeichenpapierrest in Grau und Mittelbraun
- Kraftpapierrest
- Briefumschlag in B6
- Papierkleber

DATEIEN
„Tunnelkarte_1"
„Tunnelkarte_2"

1 Die fünf Teile der Tunnelkarte aus den verschiedenen Kartons zuschneiden. Vorder- und Rückseite werden aus Karton zugeschnitten, die Ebenen dazwischen aus Tonzeichenpapier. Für den Hintergrund dunklen Karton verwenden, und für die vorderen Ebenen immer heller werden.

2 Die seitlichen Laschen der Rückseite nach vorne falten, die Laschen der Vorderseite nach hinten falten.

3 Die seitlichen Klebelaschen der drei mittleren Ebenen nach hinten knicken, dann die einzelnen Elemente gemäß Abbildung in die Rückseite der Karte kleben.

4 Dann die Vorderseite der Karte über die Rückseite mit den Elementen innen stülpen und diese an den beiden breiten Randseiten festkleben.

Interessanter wird die Karte, wenn man verschiedene Kartonarten verwendet, z.B. Strukturkarton, Perlmuttkarton oder Kraftpapier.

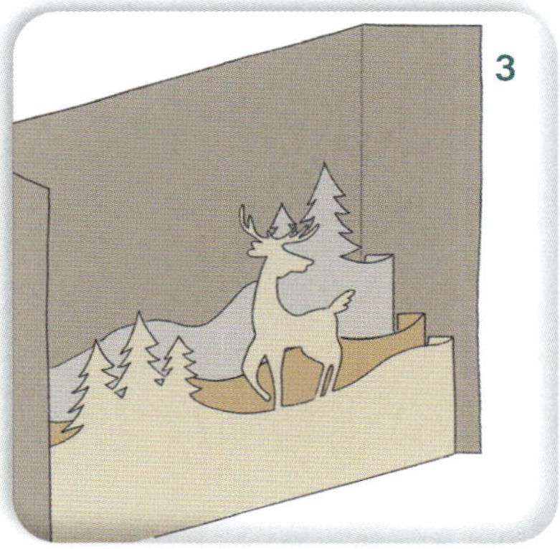

PAPERCUT-KARTEN

SCHWIERIGKEIT

● ○ ○

GRÖSSE
CA. 10,5 CM X 15 CM

MATERIAL JE KARTE

- Druckerpapier, 160 g/m², A4
- Kartenrohling in Grün, Rot oder Braun, 10,5 cm x 15 cm

DATEIEN

„Papercut_Karte_Vogel"
„Papercut_Karte_Hirsch"
„Papercut_Karte_Häuser"

1 Die Datei für die gewünschte Karte öffnen, die pinke Linie in eine (gestrichelte) Falzlinie umwandeln, dann die Karte aus dem Druckerpapier schneiden lassen. Mittig falzen und den Kartenrohling innen einlegen. Wenn man möchte, kann man noch ein Bändchen um den Falz wickeln und verknoten.

Falls man ein Falzbrett zu Hause hat, kann man die pinke Linie auch löschen und stattdessen die Karte mit dem Falzbrett knicken.

Die Motive lassen sich mit der Laterne von Seite 32 kombinieren. Die Motive mit Schneemann und Baum dort rauslöschen und durch eines (oder zwei) der Kartenmotive ersetzen. Dazu die pinke Falzlinie und den äußeren Rahmen löschen.

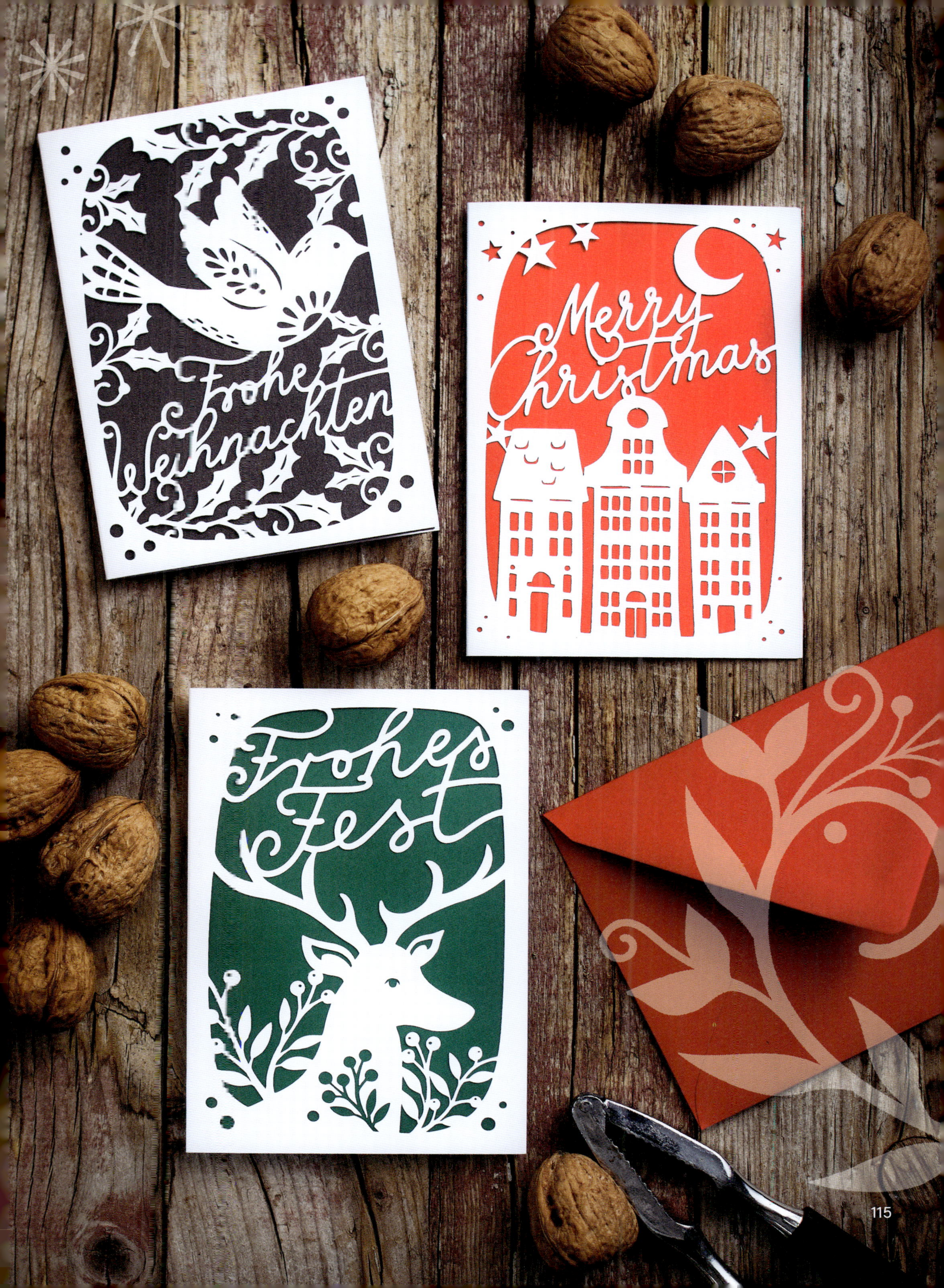
Frohe Weihnachten
Merry Christmas
Frohes Fest

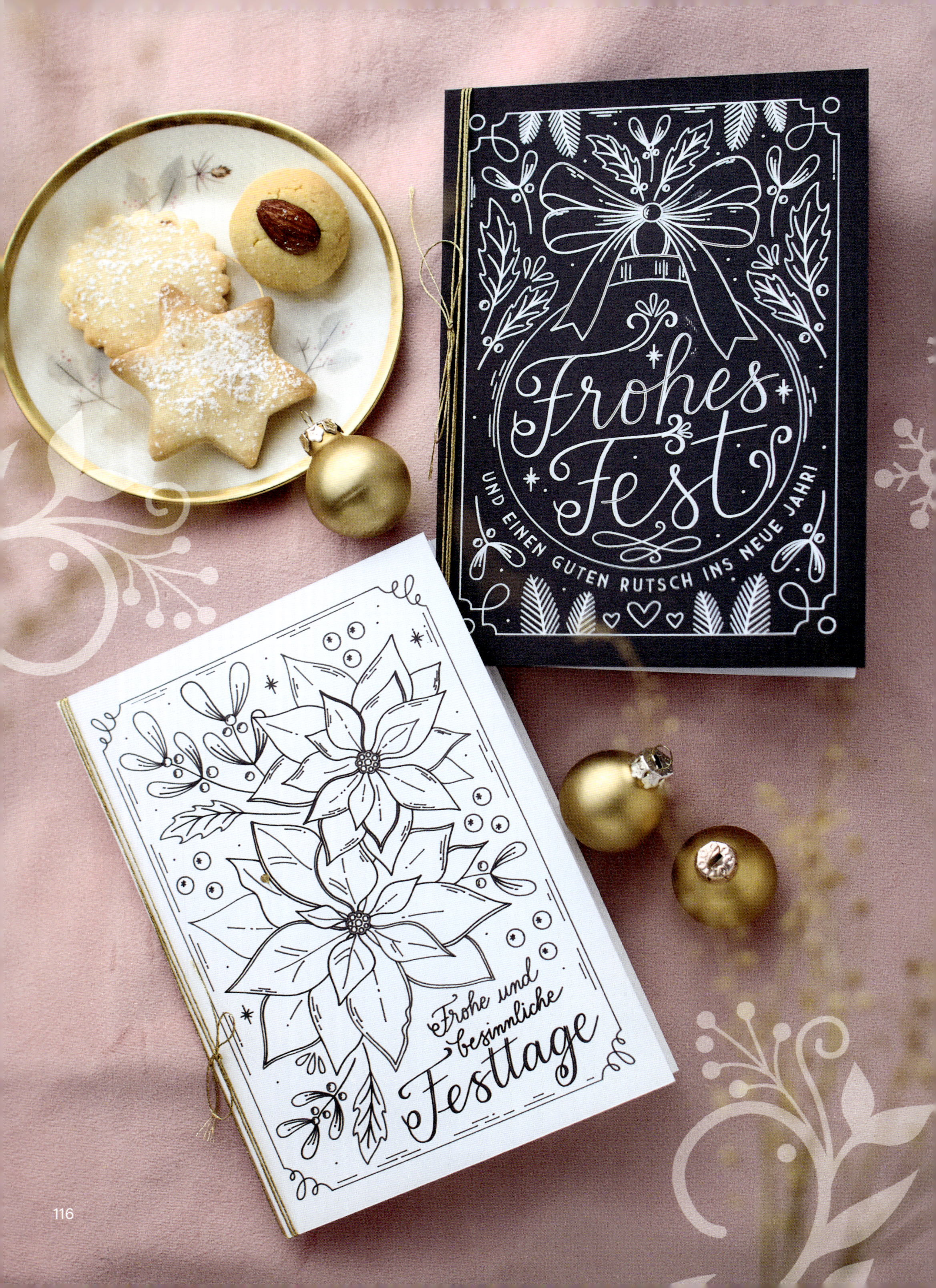

Frohes Fest
UND EINEN GUTEN RUTSCH INS NEUE JAHR!
Frohe und besinnliche Festtage

KARTEN
WIE HANDBEMALT

SCHWIERIGKEIT

●●○

GRÖSSE
12 CM X 17 CM

MATERIAL JE KARTE
- Fotokarton in Schwarz oder Weiß, A4
- Fineliner in Schwarz oder Weiß mit Einsatz für die Messerhalterung
- Stickgarnrest in Gold
- Karteneinleger für die schwarze Karte

DATEIEN
„Gemalte_Karte_1"
„Gemalte_Karte_2"

1 Die gewünschte Datei öffnen, die pinke Linie in eine (gestrichelte) Falzlinie umwandeln, die blauen Linien werden gemalt. Dann am Plotter zunächst die blauen Linien malen lassen, dann je nach Gerät Stift gegen Messer tauschen oder einfach die Halterung mit dem Messer ansteuern und die Außenlinien sowie die Falzlinie der Karte schneiden lassen.

Falls man keine Stiftehalterung für den Silhouette Cameo hat, einfach den Stift mit einigen Streifen Tonzeichenpapier fest umwickeln und festkleben, bis man ihn in die Messerhalterung einklemmen kann.

Wenn man nicht zwischen Stift und Messer hin- und herwechseln möchte, kann man die äußere Linie der Karte auch aufmalen lassen und diese später mit Cutter und Lineal abschneiden, die pinke Falzlinie in dem Fall vorher löschen. Den mittleren Falz kann man mit einem Falzbein nachziehen.

FALTBARE GESCHENK-KARTE

SCHWIERIGKEIT

●●○

GRÖSSE
10 CM X 7 CM

MATERIAL JE KARTE

- Fotokarton in Gold oder Lila, A4

DATEI
„Geldkarten"

1 Die Datei öffnen und mögliche Gruppierungen lösen. Die Karte löschen, die nicht benötigt wird. Dann die pinken Linien in (gestrichelte) Falzlinien umwandeln. Die Karte schneiden lassen.

2 Die Karte falzen, bei der oberen Variante die Laschen festkleben, Geschenkkarte oder Geld einlegen und die Karte verschließen.

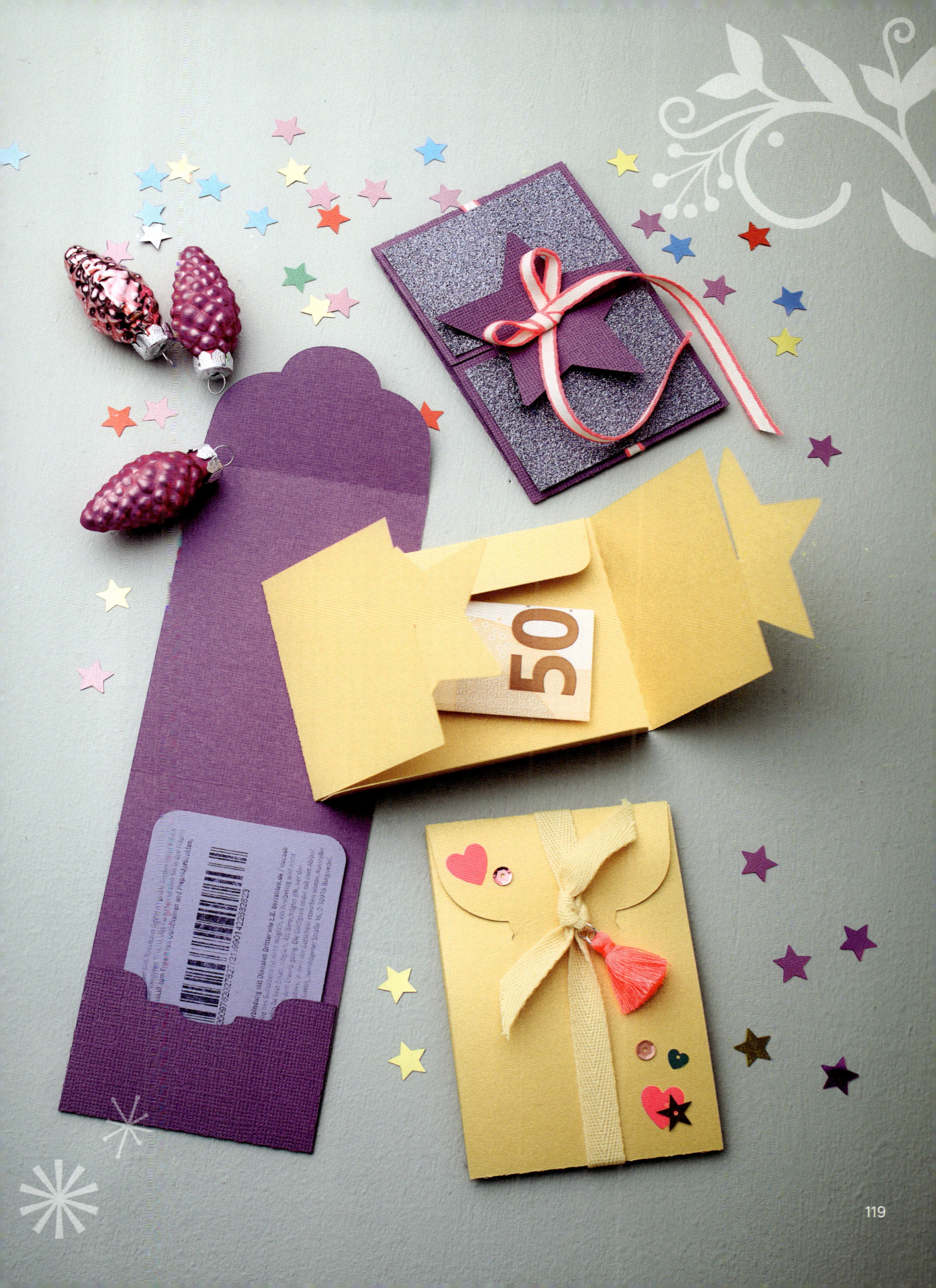
50

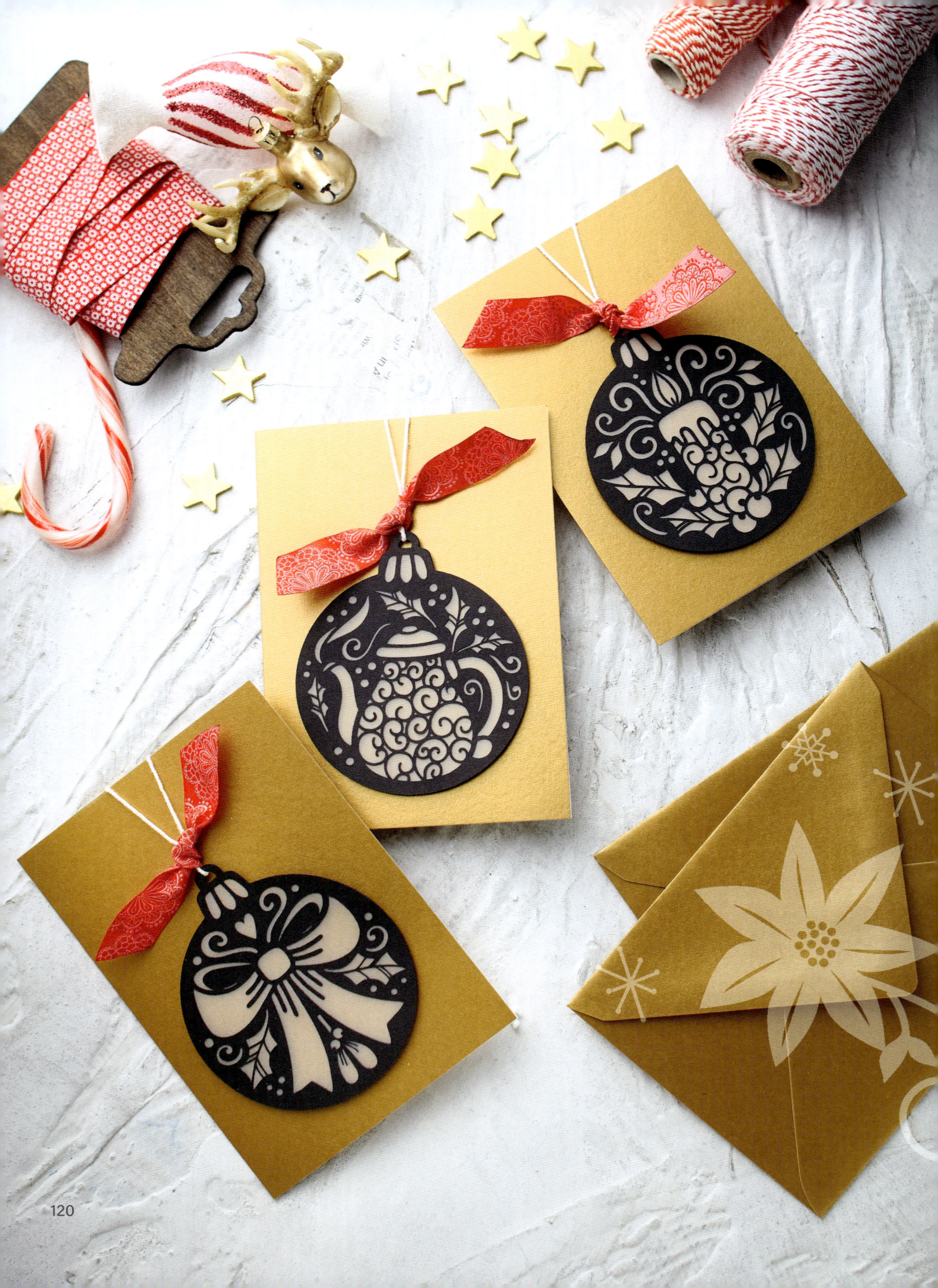

ORNAMENT-ANHÄNGER

ZUM VERSENDEN

SCHWIERIGKEIT

●●○

GRÖSSE ANHÄNGER 8 CM X 9,5 CM

MATERIAL JE ANHÄNGER

- Tonzeichenpapierrest in Schwarz
- Transparentpapierrest
- Kartenrohling in Gold, 10,5 cm x 15 cm
- Garnrest
- Dekobandrest
- 2 Mini-Abstand-klebepads
- Sprühkleber

DATEI

„Christbaumkugeln"

1 Die Datei öffnen, mögliche Gruppierungen lösen und die beiden nicht benötigten Anhänger löschen. Von den großflächigen Kreisen ebenfalls zwei löschen und den verbliebenen von der Arbeitsfläche schieben. Dann den Anhänger kopieren und spiegeln und die beiden (spiegelverkehrten) Varianten aus Tonzeichenpapier plotten. Die Motive sind sehr filigran, daher vorsichtig von der Schneidematte lösen.

2 Den großflächigen Anhänger aus Transparentpapier schneiden lassen. Dann von vorne und hinten die Ornamente aufkleben, sodass man einen beidseitig vollständigen Anhänger hat, der man von der Karte wieder abziehen kann. Für die sehr filigranen Motive eignet sich Sprühkleber am besten. Am oberen Ende das Garn befestigen und daran mit dem Dekoband einen Knoten oder eine Schleife binden. Das Weihnachtsornament mit zwei sehr kleinen Abstandklebepads vorne auf die Karte kleben, das Garn über den oberen Rand legen und innen mit einem Streifen Washi Tape festkleben.

Je besser die Schneidematte klebt, desto sauberer kann der Plotter die filigranen Motive schneiden.

24 VÖGELCHEN

FÜR DIE VORFREUDE

SCHWIERIGKEIT

●●○

GRÖSSE

10,5 CM X 8 CM X 3,5 CM

MATERIAL JE VÖGELCHEN

- Fotokarton in Creme oder Rosa, A4
- Tonzeichenpapierreste in Rot, Weiß, Hellbraun, Schwarz
- Zahlensticker
- Fineliner in Schwarz und Weiß
- Buntstift in Rot
- Bakers Twine-Reste

DATEIEN

„Adventskalender_Vogel_1"
„Adventskalender_Vogel_2"

1 Die Datei ***Adventskalender_Vogel_1*** öffnen, die pinken Linien in (gestrichelte) Falzlinien umwandeln und aus dem creme- oder rosafarbigem Fotokarton schneiden lassen. Nicht wundern: Die Augen werden ausgeschnitten und mit dunklem Karton hinterklebt. Das ist einfacher, als später die Augen nur ungefähr zu platzieren.

2 Danach die zweite Datei öffnen. Die Farbangaben und die Linien löschen, dann Mütze, Schal und Schnabel aus rotem, Mützenrand aus weißem, Augenhintergrund aus schwarzem und die Flügel aus hellbraunem Tonzeichenpapier schneiden. Die einzelnen Teile auf den Vogel kleben. Mit den Finelinern kann man noch kleine Details (gemäß Foto) aufmalen, die rote Wange wird mit dem Buntstift aufgemalt. Dann die Zahl aufkleben.

3 Alle Falzlinien falten und die kleinen Klebelaschen an die beiden Seitenteile mit den Vögeln kleben. Die Schachtel befüllen und mit einem Rest Bakers Twine verschließen.

Der nach vorne schauende Vogel lässt sich aufhängen, dafür muss man die beiden Löcher für das Garn entfernen und weiter vorne platzieren: Je nach verwendetem Material für Mütze und Co. sitzt dort der Schwerpunkt des Vogels. Der nach hinten schauende Vogel eignet sich weniger, denn bei ihm müssten die Löcher mitten im Gesicht sitzen.

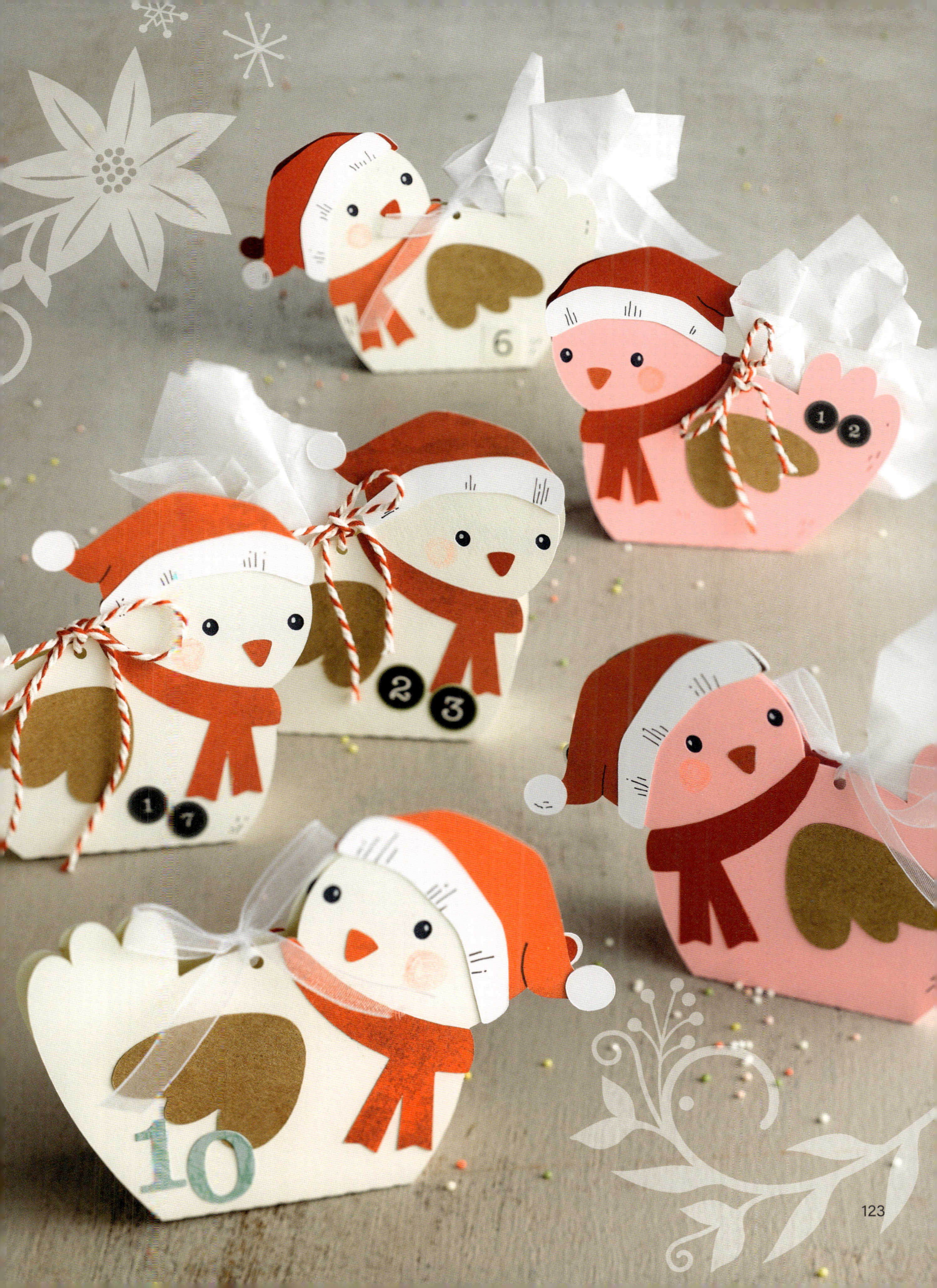

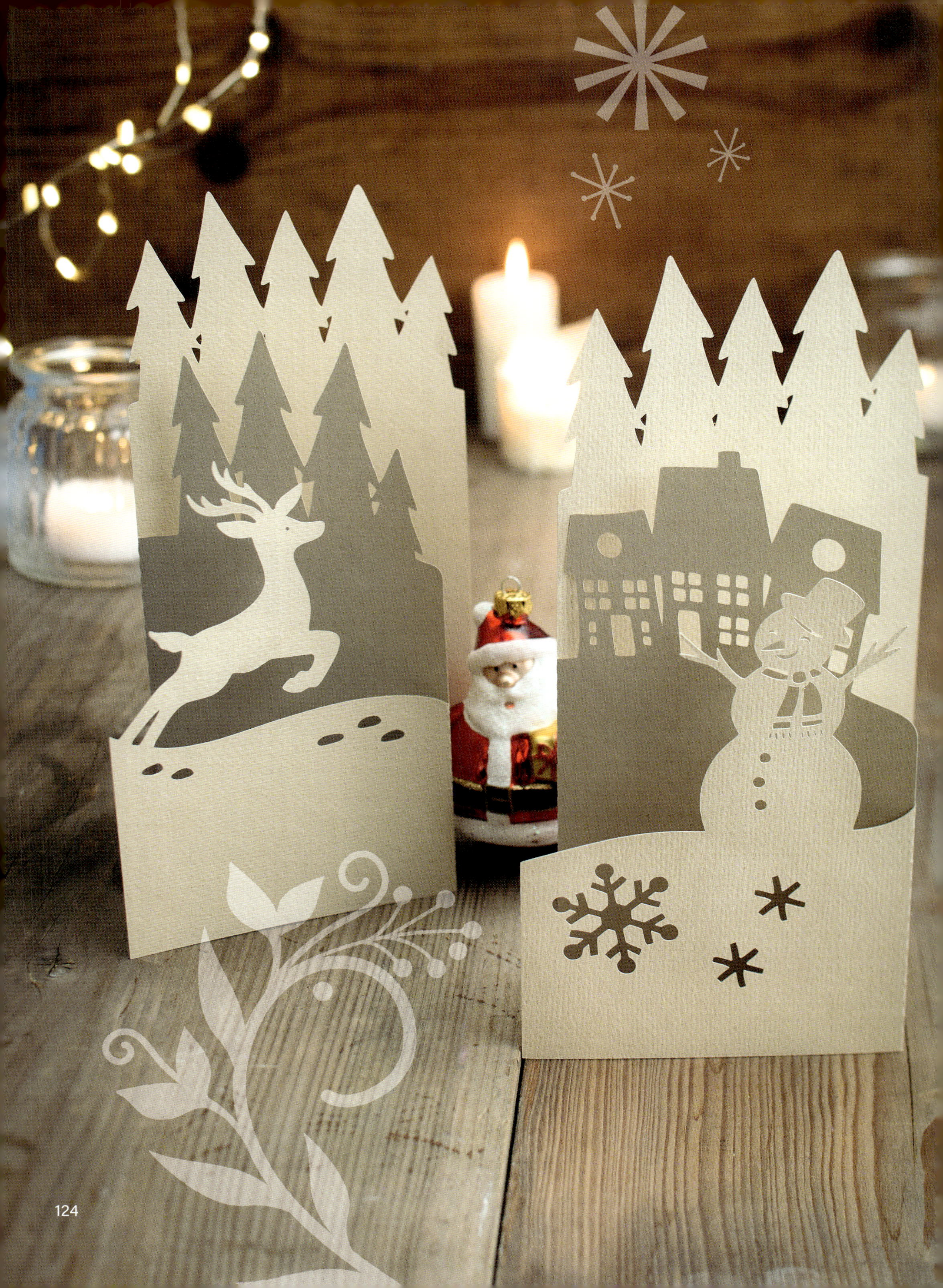

WINTER-LANDSCHAFT
ZUM FALTEN

SCHWIERIGKEIT

● ○ ○

GRÖSSE
CA. 10 CM X 21 CM

MATERIAL JE KARTE
- Strukturkarton in Beige, 30,5 cm x 23 cm
- Umschlag in DIN lang

DATEIEN
„Dreiteilige_Karte_1"
„Dreiteilige_Karte_2"

1 Die Datei mit dem gewünschten Motiv öffnen und mögliche Gruppierungen lösen. Dann die pinken Linien in (gestrichelte) Falzlinien umwandeln. Das Papier vom Plotter einziehen lassen und das Motiv schneiden lassen. Von der Matte lösen und an den beiden Falzlinien knicken. Das Endformat der Karte ist DIN lang.

Flach liegend hat die Karte A4-Format, das heißt, dass sie aus einem etwas größeren Bogen ausgeschnitten werden muss. Falls man nur Papiere in A4 hat, kann man die Karte etwas verkleinern. Dafür alle Linien auswählen und proportional verkleinern.

3-D-KRIPPE
ZUM VERSENDEN

SCHWIERIGKEIT

●●○

GRÖSSE
CA. 15 CM X 10,5 CM

MATERIAL
- Druckerpapier, 60 g/m²
- Kartenrohling in A6 (an der kurzen Seite geknickt!)
- Sprühkleber
- Washi Tape-Rest

DATEI
„Weihnachtskrippe"

1 Die Datei mit der Weihnachtskrippe öffnen, mögliche Gruppierungen lösen und die pinken Linien in (gestrichelte) Falzlinien umwandeln. Den nicht benötigten Text löschen, dann den Rest aus dem weißen Druckerpapier schneiden lassen.

2 Den Einleger zu einem „W" falzen, dann die hinterste Fläche in die Karte kleben. Der Abstand zum oberen, unteren und seitlichen Rand beträgt ca. 5 mm. Den W-förmigen Einleger flach legen, die Oberseite mit Klebstoff einstreichen, dann die Karte zusammenklappen.

3 Der Text für die Vorderseite der Karte ist sehr filigran. Einfacher übertragen lässt er sich, wenn man alle überstehenden Papiere von der Klebematte entfernt, nicht jedoch den Text. Dann einen (oder mehrere) Streifen Washi Tape auf den Text kleben, die Rückseite vorsichtig mit Sprühkleber benetzen und den Text auf die Vorderseite der Karte kleben. Dabei möglichst nur die Stellen mit Text andrücken. Das Washi Tape wieder entfernen und erst dann den Text nochmal fest andrücken.

Kartenrohlinge muss man nicht kaufen, man kann sie einfach selber machen. Für die Falz benutzt man am besten ein Scor-Pal, ein Board mit Falzbein. Damit kann man das Papier einfach an der richtigen Stelle nuten und dann falzen.

Der Text auf der Vorderseite der Karte kann auch einfach von Hand – mit einem weißen Ballpen – geschrieben werden.

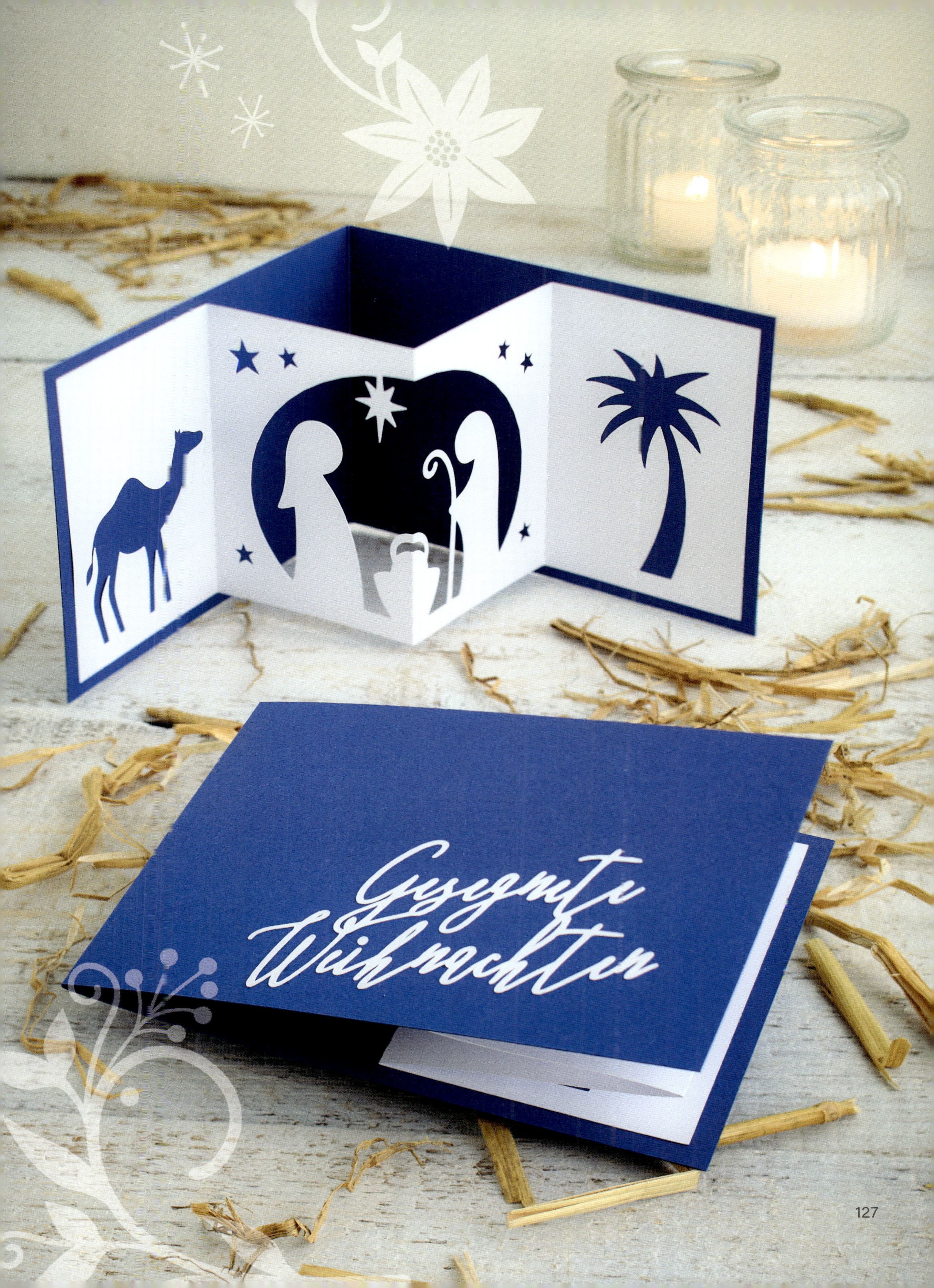
Gesegnete
Weihnachten

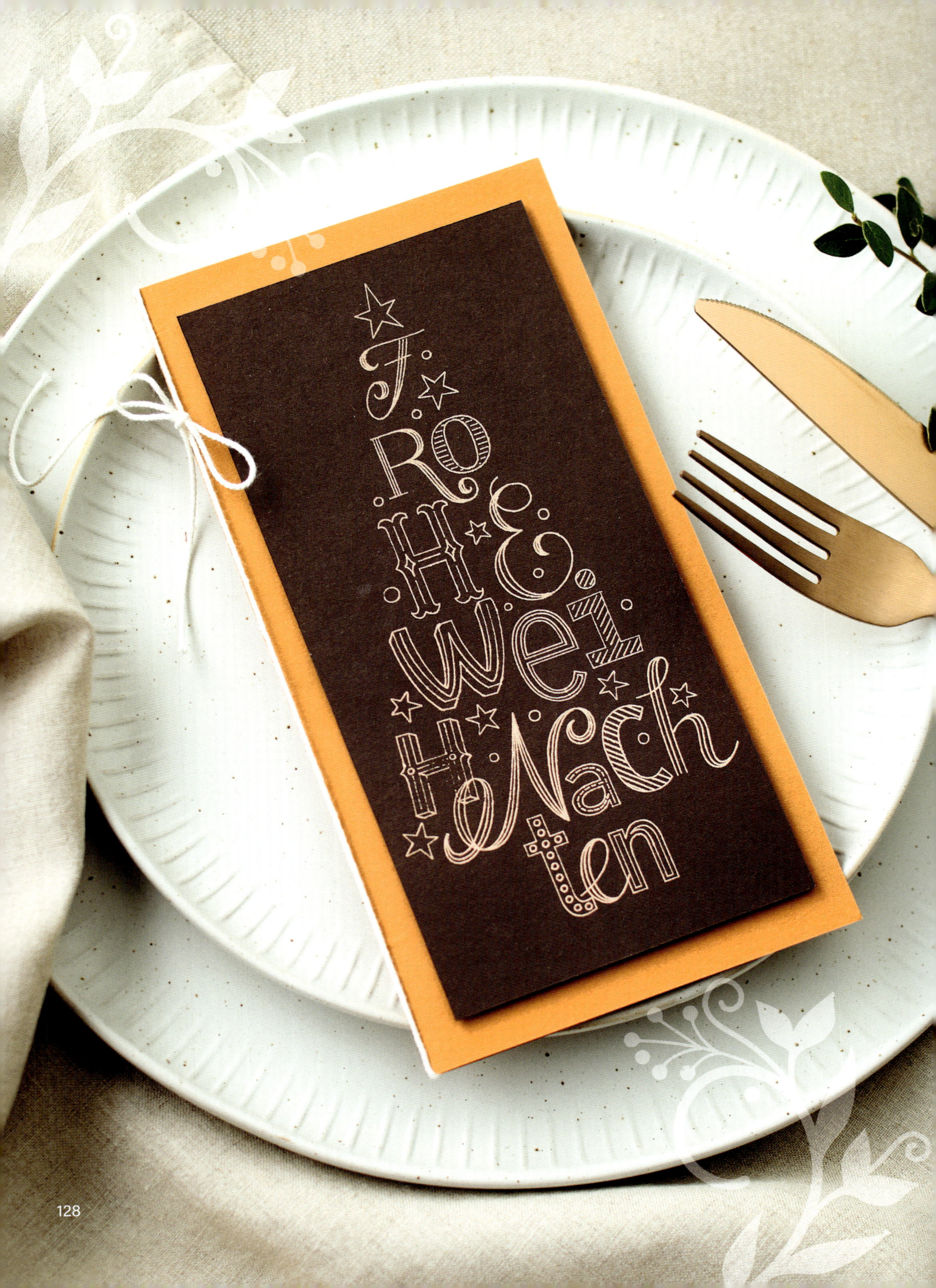
F
RO
HE
WEI
HNach
ten

ELEGANTE GRUSSKARTE

SCHWIERIGKEIT

●●○

GRÖSSE

10 CM X 21 CM

MATERIAL JE KARTE

- Fotokarton in Dunkelbraun, A4
- Kartenrohling in Orange, DIN lang
- Foil Quil-Set mit Heißprägestift und Folien
- Klebeband
- Garn, ca. 50 cm lang
- Abstandklebepads

DATEI

„Frohe_Weihnachten_Baum“

1 Die Datei öffnen, mögliche Gruppierungen lösen und die Baumform (rechts) löschen. Das Foil Quil-Set mit dem passenden Halter in den Plotter einsetzen, das USB-Kabel anschließen (nicht an der USB-Buchse am Plotter, das funktioniert nicht) und warten, bis der Heißprägestift warm geworden ist.

2 Die Folie mit etwas Klebeband an den Ecken auf den Karton kleben und vom Plotter einziehen lassen. Dann das Motiv malen lassen. Da bei den meisten Plottern ein manueller Wechsel von Stift zu Messer nötig ist, wird in diesem Fall die Außenlinie der Karte einfach mit aufgemalt und kann dann mit Cutter und Lineal abgeschnitten werden. Den Kartenzuschnitt mit Abstandklebepads vorne auf den Kartenrohling kleben.

Die Datei enthält noch eine Schneidelinie für einen Baum, falls man den gemalten Baum lieber in Baumform schneiden möchte. Dieser Baum sieht sehr elegant als Aufleger auf den Servietten an einer weihnachtlichen Tafel aus.

PRALINENBOX-
ADVENTS-KALENDER

SCHWIERIGKEIT

● ○ ○

GRÖSSE
CA. 6,5 CM X 8,5 CM X 4,5 CM

MATERIAL JE SCHACHTEL

- Fotokarton in Rot und Grün, A4
- Tonzeichenpapierrest in Weiß
- Garn

DATEIEN

„Pralinenbox"
„Pralinenbox_Zahlen"

1 Die Datei ***Pralinenbox*** öffnen, mögliche Gruppierungen lösen und die pinken Linien in (gestrichelte) Falzlinien umwandeln. Dann die Schachtel aus einem Bogen Fotokarton schneiden lassen.

2 Die vier Seiten nach oben knicken und die seitlichen Klebelasche ankleben. Dann die zweite Datei ***Pralinenbox_Zahlen*** öffnen und alle Zahlen aus Tonzeichenpapier schneiden lassen.

3 Die Schachtel befüllen, schließen und mit dem Garn umwickeln und knoten. Den Anhänger mit der Zahl daran befestigen und das Garn zu einer Schleife binden.

Woher die Schachtelform ihren Namen hat? Als ich vor ganz vielen Jahren das erste Mal in Brüssel war, habe ich eine Schachtel Pralinen in einer solchen Schachtel gekauft. Hier in Deutschland ist die Schachtelform für Pralinen eher ungewöhnlich, für mich bleibt es aber immer eine Pralinenschachtel.

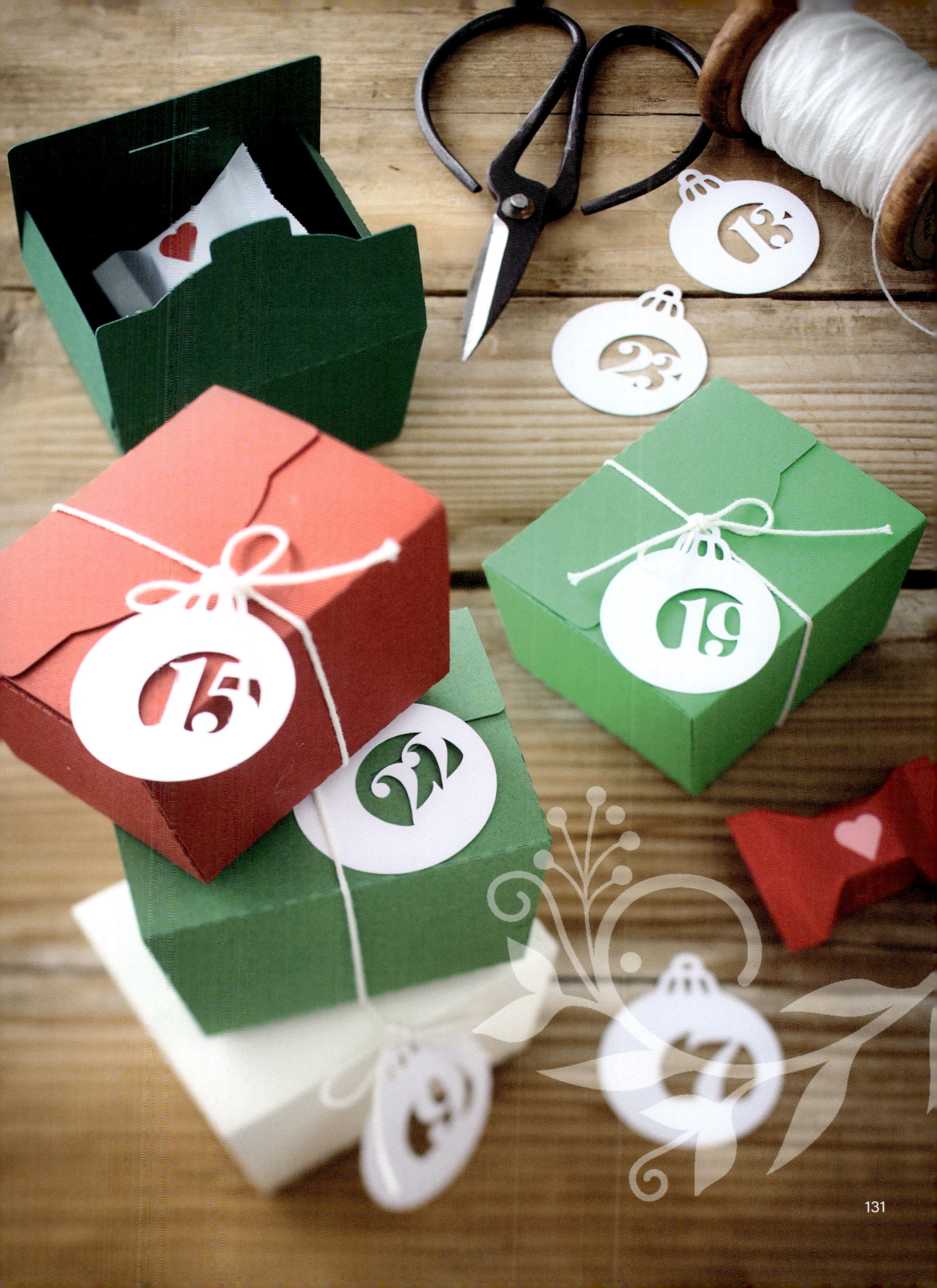

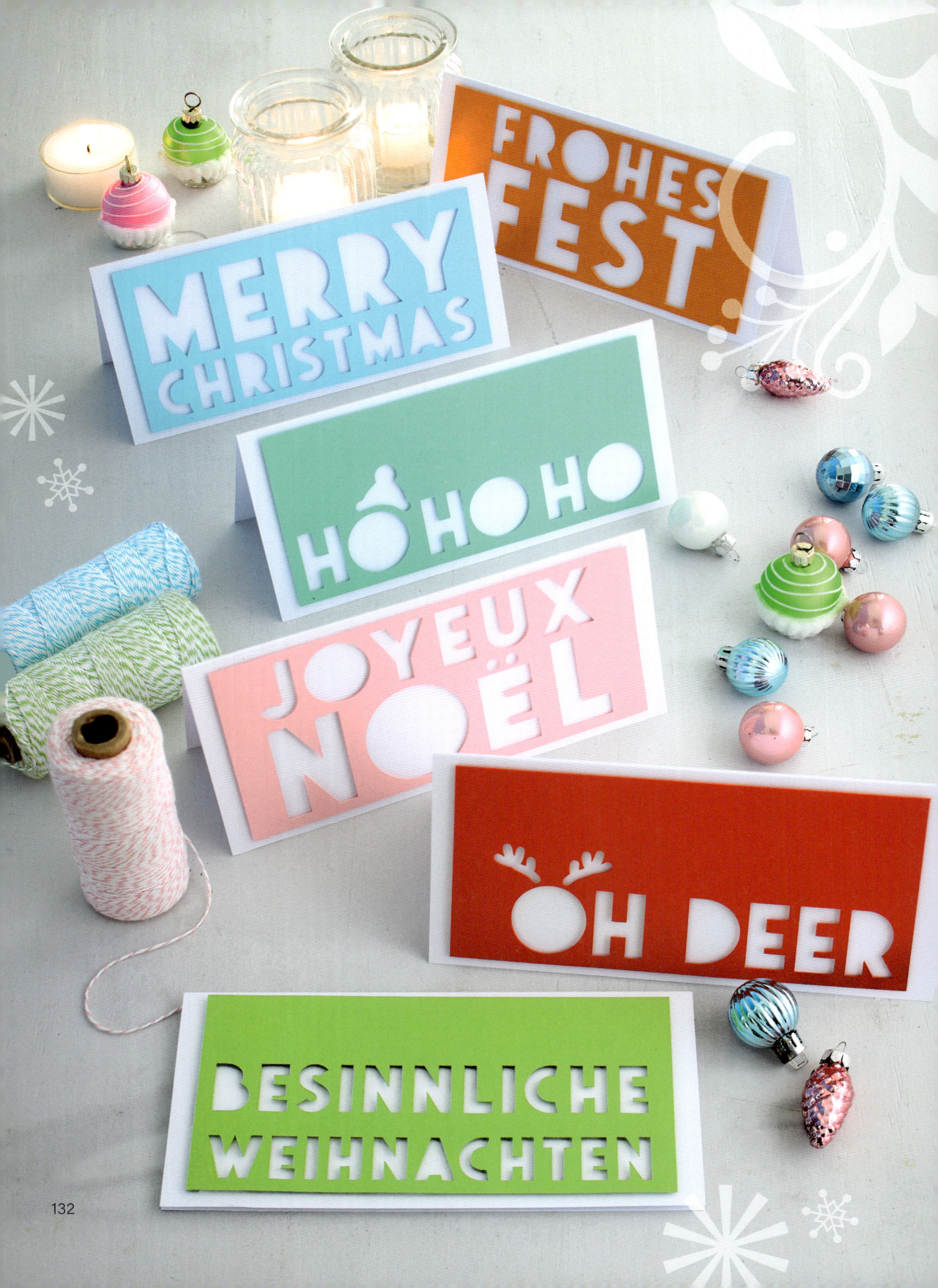
FROHES
FEST
MERRY
CHRISTMAS
HO HO HO
JOYEUX
NOËL
OH DEER
BESINNLICHE
WEIHNACHTEN

CUT-OUT-
KARTEN

SCHWIERIGKEIT

● ○ ○

GRÖSSE
20 CM X 10 CM

MATERIAL
- Fotokarton in verschiedenen Farben
- Kartenrohling in DIN lang
- Abstandklebepads

DATEIEN
„Freche_Sprueche_1"
„Freche_Sprueche_2"

1 Die Datei mit dem gewünschten Weihnachtsgruß öffnen und mögliche Gruppierungen lösen. Alle nicht benötigten Karten löschen und die Karte plotten. Dann mit Abstandklebepads auf den Kartenrohling kleben, sodass ein 3-D-Effekt entsteht.

ENGELCHEN
AUS PAPIER

SCHWIERIGKEIT
●●○

GRÖSSE
13 CM X 14 CM

MATERIAL JE KARTE
- Druckerpapier, 160 g/m²
- Tonzeichenpapierrest in Lila oder Rosa

DATEI
„Engelkarte"

1 Die Datei öffnen und mögliche Gruppierungen lösen. Dann die pinken Linien in (gestrichelte) Falzlinien umwandeln. Die einzelne flächige Engelform löschen, dann die Klappkarte aus dem weißen Druckerpapier schneiden lassen. Die filigrane Karte vorsichtig von der Schneidematte lösen, dann in der Mitte falten.

2 Den flächigen – einzelnen – Engel aus dem farbigen Tonzeichenpapier plotten. Die Form von innen an die Vorderseite der Karte kleben. Dann das obere Rückteil der Karte (oberhalb der waagerechten Falzlinie) mit der Vorderseite der Karte zusammenkleben.

Zum Verschicken eignet sich ein 15 cm x 15 cm großer Umschlag. Aber Achtung, quadratische Umschläge kosten in Deutschland mehr Porto.

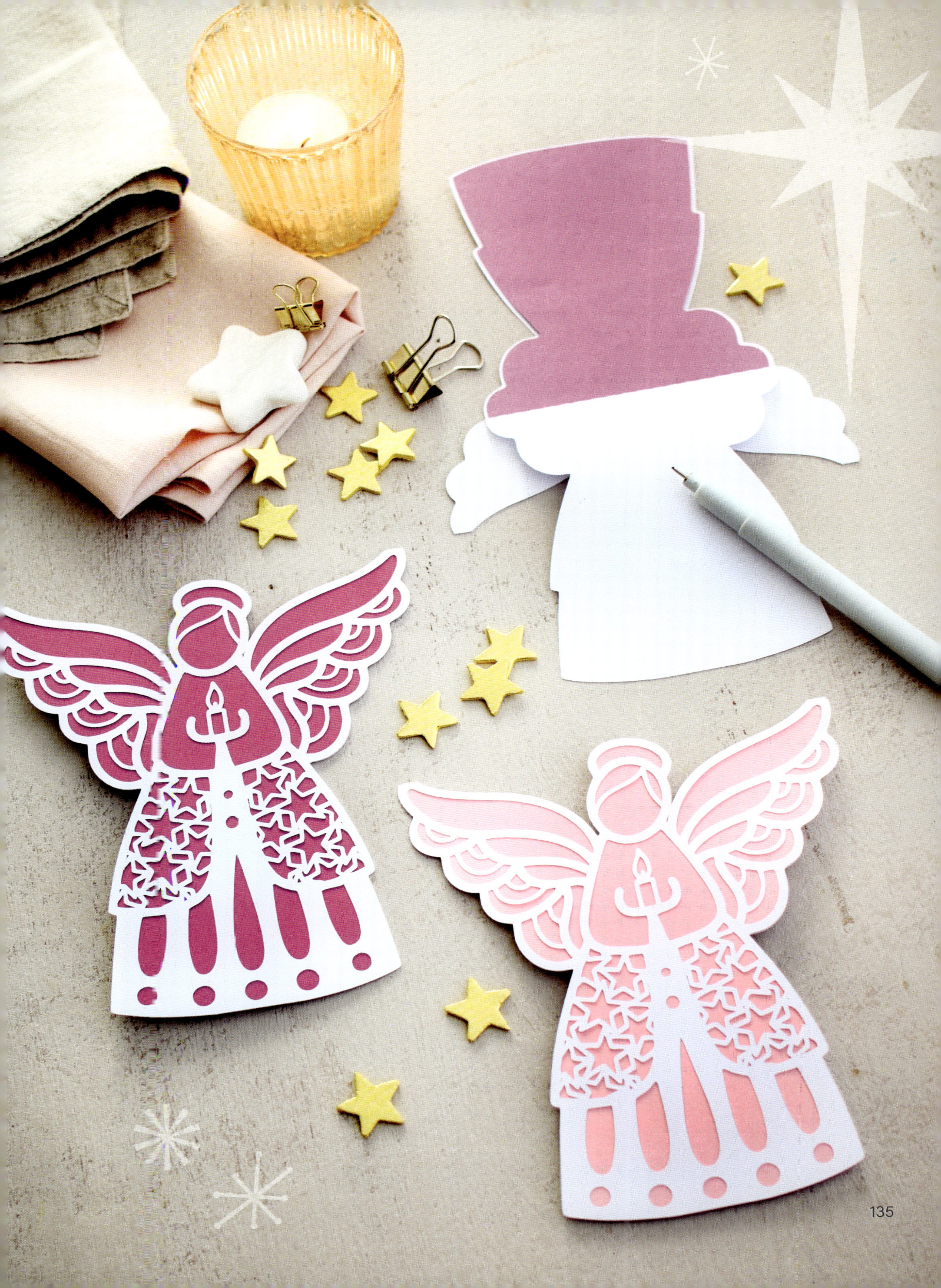

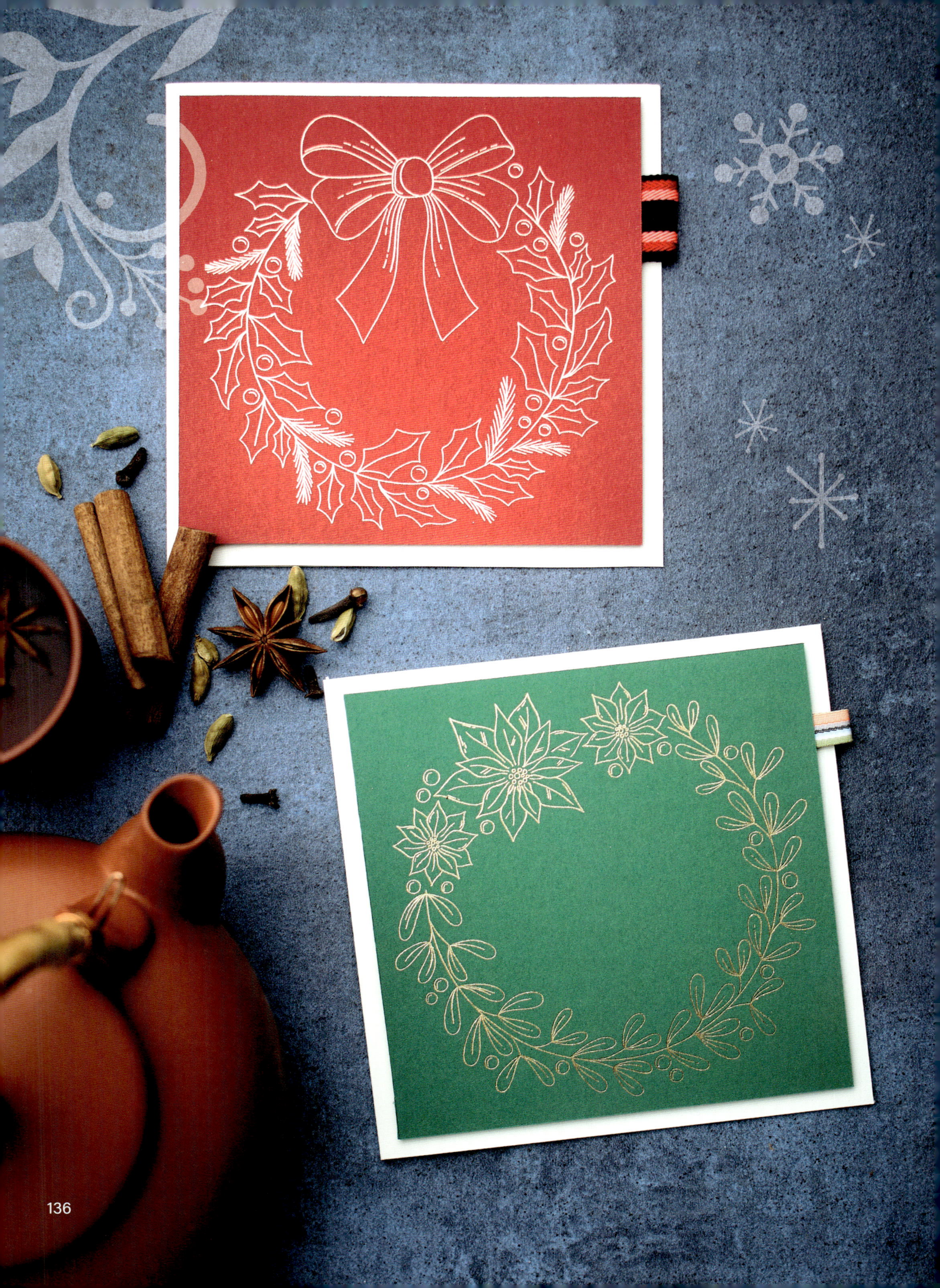

FILIGRANE WEIHNACHTS-GRÜSSE

SCHWIERIGKEIT

● ● ○

GRÖSSE

15 CM X 15 CM

MATERIAL JE KARTE

- Fotokarton in Rot oder Grün, A4
- Kartenrohling in Creme, 15 cm x 15 cm
- Foil Quil-Set mit Heißprägestift und Folien
- Klebeband
- Dekobandrest
- Abstandklebepads

DATEI

„Gezeichnete_Kraenze"

1 Die Datei öffnen, mögliche Gruppierungen lösen und ggf. das nicht benötigte Motiv löschen. Das Foil Quil-Set mit dem passenden Halter in den Plotter einsetzen, das USB-Kabel anschließen (nicht an der USB-Buchse am Plotter, das funktioniert nicht) und warten, bis der Heißprägestift warm geworden ist.

2 Die Folie mit etwas Klebeband an den Ecken auf den Karton kleben und vom Plotter einziehen lassen. Dann das Motiv malen lassen. Da bei den meisten Plottern ein manueller Wechsel von Stift zu Messer nötig ist, wird in diesem Fall die Außenlinie der Karte einfach mit aufgemalt und kann dann mit Cutter und Lineal abgeschnitten werden.

3 Das Dekoband mittig falten und von hinten gegen das Rechteck mit dem gezeichneten Motiv kleben. Dann beides mit Abstandklebepads vorne auf den Kartenrohling kleben.

GLÜCKS-SCHWEIN
FÜRS NEUE JAHR

SCHWIERIGKEIT
●●○

GRÖSSE
CA. 13 CM X 8 CM

MATERIAL JE SCHACHTEL
- Fotokarton in Rosa, A4
- Tonzeichenpapierreste in Weiß und Pink
- Fineliner in Schwarz
- Buntstift in Pink
- Garnrest in Rot-Weiß

DATEI
„Glücksschwein"

1 Die Datei öffnen, mögliche Gruppierungen lösen, dann die pinken Linien in (gestrichelte) Falzlinien umwandeln. Das Schwein aus dem rosafarbigen Karton schneiden lassen. Danach die Flügel, Ohr und Nase aus dem weißen bzw. pinken Tonzeichenpapier plotten.

2 Den Bereich unter der Nase schwarz anmalen, dann Flügel, Ohr und Nase gemäß Foto auf das Schwein kleben, die schwarze Fläche scheint durch die Nasenlöcher. Das Gesicht mit dem Fineliner aufmalen und die Klauen schwarz färben. Dann die Wange rosa anmalen. Vorder- und Rückseite sowie die Seiten mit den Laschen nach oben knicken. Dann die Laschen ankleben, das Glücksschwein befüllen und oben mit einem Stück Garn zubinden.

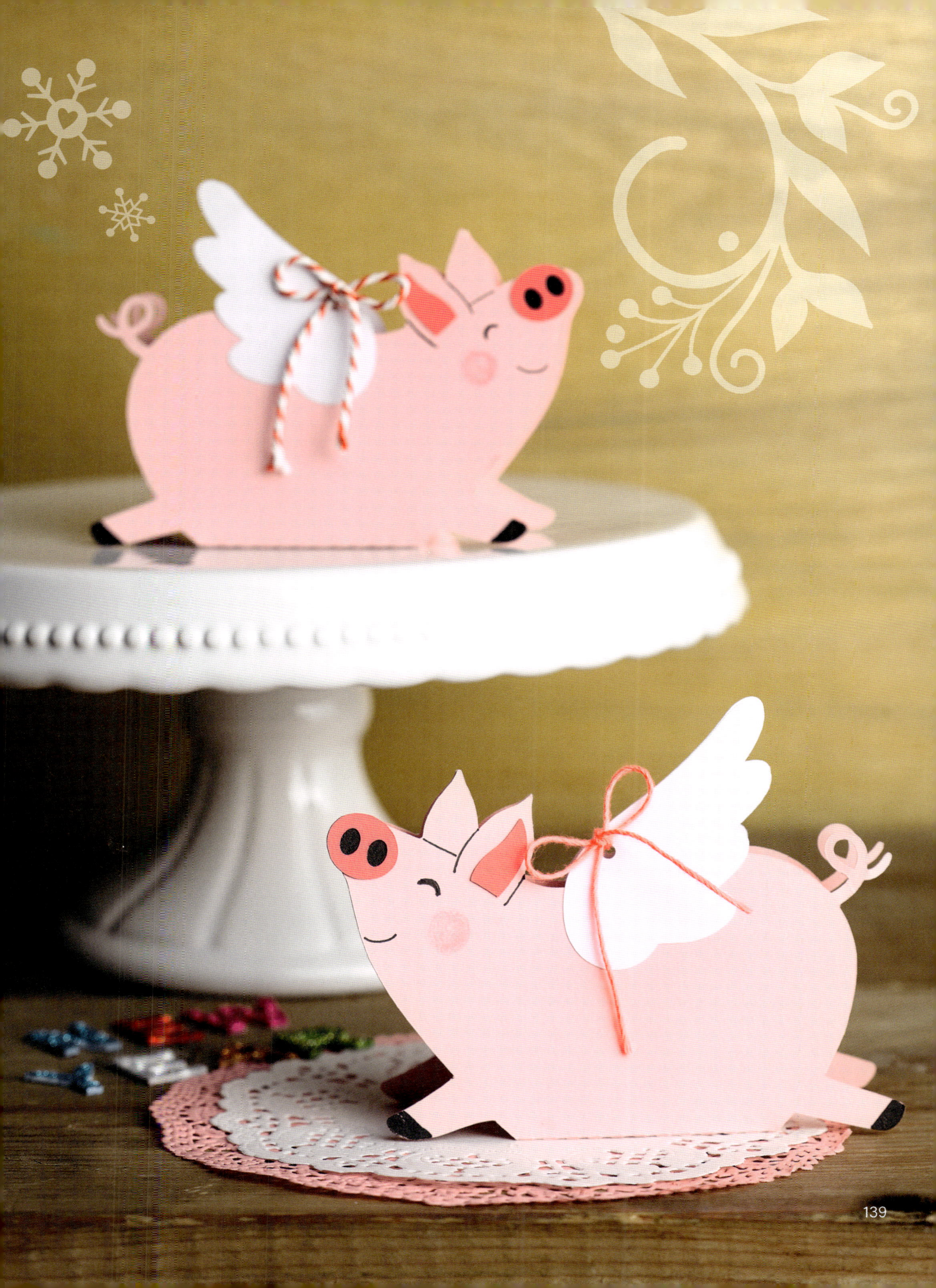

DIE AUTORIN

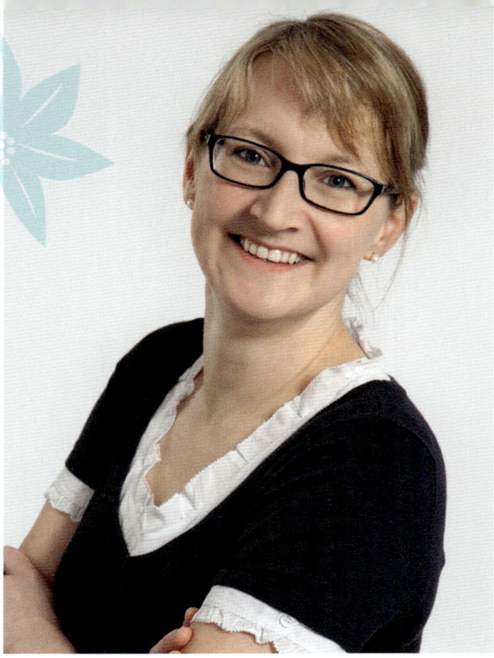

Miriam Dornemann ist Illustratorin und Autorin für Kreativbücher. Beruflich gestartet hat sie mal als Beamtin, hat dies aber recht schnell gegen eine kreative Karriere eingetauscht. Sie entwirft Grußkarten und Stoffdesigns – gerne mit lustigen Charakteren und aufwändigen Letterings – für den deutschsprachigen und amerikanischen Markt. Zusätzlich schreibt sie seit 2008 Kreativ- und Nähbücher für den Frechverlag.

Unter www.instagram.com/miriddesign zeigt sie aktuelle Arbeiten und manchmal einen Blick hinter die Kulissen.

Die DigiBib
Hier findest du die Plottervorlagen zu den Projekten in diesem Buch, außerdem alle aktuellen Infos! www.topp-kreativ.de/digibib

Der Freischalt-Code lautet: 51790

SERVICE-HOTLINE

Hast du Fragen oder gibt es ein Problem? Wir helfen dir gern. Ruf uns an oder schreib uns eine E-Mail:

Telefon: 0711 / 123 757 20*
*normale Telefongebühren

E-Mail: mail@kreativ-service.info

Weitere Informationen zum Verlag und zu unserem gesamten Programm findest du unter: www.topp-kreativ.de

IMPRESSUM

Fotos: frechverlag GmbH, 70839 Gerlingen;
Miriam Dornemann (S. 16-22, S. 38, S. 140); lichtpunkt, Michael Ruder, Stuttgart (alle übrigen)
Illustrationen: Miriam Dornemann
Produktmanagement und Lektorat: Carolin Langer
Covergestaltung: Petra Schmidt
Herstellung: Jessica Siebert
Layout und Satz: Werbeagentur Rypka GmbH, Dobl
Druck und Bindung: PNB Print Ltd, Lettland

1. Auflage 2024

ISBN 978-3-7358-5278-6 • Best.-Nr. 25278

MIX
Papier | Fördert gute Waldnutzung
FSC® C084698

Penguin Random House Verlagsgruppe FSC® N001967